ウエディング
手作りアイテム
つくっちゃお！

Hand Made Items for Bridal

✶ ✶ ✶ ✶ ✶ ✶

ゼクシィ編集部・編

はじめに
*

型にはまったお決まりの結婚式ではなく、ふたりらしい結婚式がしたい、
心が込もったあたたかいおもてなしがしたい。
そんな気持ちから、結婚式で何かを手作りする人が増えている。
たとえば、結婚式のテーマに沿った色やモチーフを使ったアイテムなら、
ふたりらしさや個性をアピールできるし、「出席してくれてありがとう」の
言葉を添えれば、ふたりの気持ちが伝わり、あたたかい雰囲気を演出できそう。
頑張って手作りしたものは、世界でたったひとつのオリジナル作品。
ちょっとぐらい曲がっても、多少ゆがんでも、それはご愛嬌。
なんたって、ふたりのこだわりが形になるのは素晴らしいこと。
しかも、手作りすることで、結婚式を自分で作り上げる充実感を味わえるのも
貴重な体験のひとつ。だからゼクシィは、頑張って手作りする人を応援するよ。
そんな気持ちを込めて、ゼクシィの人気連載「つくっちゃお！」を中心に、
ゼクシィに掲載された手作りアイテムの中からオシャレなものだけを厳選し、
1冊にまとめた本をついに作っちゃいました！
すべて詳しい作り方つきだから、ぶきっちょさんでも安心。
さらに、道具や材料の基礎知識や、お役立ちコラムではゼクシィならではの
結婚式に役立つノウハウもしっかりご伝授。

この本を参考に、ふたりのこだわりを生かした
ステキな結婚式を作り上げてね。
*

ゼクシィ編集部

contents

はじめに······p2

Part 1
いま、人気の手作りアイテム
p5

- リングピロー······p6 （作り方P33～35）
- ウエルカムボード······p12 （作り方P36～38）
- ウエルカムベア······p16 （作り方P38～40）
- ウエルカムリース······p20 （作り方P41）
- ウエディングポーチ······p24 （作り方P42～43）
- ウエディングベール&グローブ······p26 （作り方P43～44）
- ティアラ&クラウン······p28 （作り方P45～46）
- ウエディングアクセサリー&ブーケ······p30 （作り方P46～48）

Part 2
テーブルの演出小物&ペーパーアイテム
p49

- テーブルフラワー······p50 （作り方P65～66）
- ナプキンリング······p52 （作り方P66）
- 席札······p54 （作り方P66～67）
- 席次表······p56 （作り方P67～68）
- 招待状&メニュー表etc.······p58 （作り方P68～69）
- ゲストブック······p62 （作り方P69）
- 天使の羽の作り方······p63
- 幸せになる4つのおまじない 花嫁のSomething Four······p64
- 材料と道具の基礎知識······p70

Part 3
プチギフト&プレゼント
p73

- プチギフト&プレゼント······p74 （作り方P81～83）

- 型紙······p85～94
- Staff······p94

花嫁のお役立ちコラム
- ●ちょっとひと手間でグレードアップ······p36・p40・p68
- ●手作りグッズの効果的な演出ワザ······p39・p43・p48・p81・p82
- ●失敗防止のテクニック······p38・p41・p47・p66・p82
- ●手作りを楽しむコツ······p67・p83

Marriage
Celebration
of
Taichi Saito
Yui Takai

24th April, 2001

Welcome!
for
our wedding

Thank You

APR 2 9 2001

Part 1
いま、人気の手作りアイテム

- リングピロー
- ウエルカムボード
- ウエルカムベア
- ウエルカムリース
- ウエディングポーチ
- ウエディングベール&グローブ
- ティアラ&クラウン
- ウエディングアクセサリー&ブーケ

幸せを呼ぶエンジェルがふたりの結婚を祝福するエレガントピロー
● 作り方は33ページ

リングピロー

リングピロー

挙式のハイライトである指輪の交換に備えて、リングを載せておくのが
リングピロー。定番のクッションタイプから立体の個性派ピローまで
バリエーション豊富に揃っているから、お気に入りを見つけて、ぜひ手作りしてね。
挙式の日付やイニシャルを入れれば、ふたりだけのオリジナルに仕上がるよ。

キュートなハート形の
リングケースを開けて
ロマンチックに
指輪を交換

● 作り方は33ページ

リングピロー

エンジェルの
ペンダントがやさしく揺れる
ホワイト&ピンクの
コンビピロー

● 作り方は33ページ

ハート形の
ワイヤーボックスに
赤いバラを敷き詰めた
個性派ピロー

● 作り方は34ページ

リングピロー

豪華なレースを
贅沢に飾った
ホワイトピローは
厳粛な挙式にお似合い
● 作り方は34ページ

エレガントに
波打つレースが
ラブリーな
ハート形ピロー
● 作り方は34ページ

リングピロー

モヘアとビーズが
縁取るフォルムが
スイートな
ウエディングケーキ形ピロー
作り方は34ページ

リングピロー

やさしく透ける
オーガンジーに
花びらを敷きつめて
朝露風のビーズを散らして
● 作り方は35ページ

大切なリングを
守るように
羽根でおめかしした
ドラマチックなピロー
● 作り方は35ページ

ワイヤーが描く
ハートの形と
ふわふわフェザーが
幸せを運んでくれそう
● 作り方は35ページ

リングピロー

チョコンと飾った
かわらしい花がアクセントの
小ぶりサイズ
● 作り方は35ページ

ゴールドのコードで
ゴージャス感たっぷり
花いっぱいの
オシャレボード

●作り方は36ページ

ウエルカムボード

ウエ**ル**カムボード

ウエルカムのメッセージさえ入れれば、あとは形もスタイルも自由。
ふたりのアイデアやセンスを生かしてアレンジできるせいか、手作りする人が
増えている大人気のアイテム。会場でゲストが初めて目にするものだから、
ステキな作品に仕上げて、オシャレな結婚式を印象づけよう。

敷きつめた
ホワイトストーンと
カリグラフィーの文字で
大人っぽいムードを演出
●作り方は36ページ

ウエルカムボード

かわいらしいビーズの文字
ピンナップした
モノクロの写真で
オシャレムードたっぷり
●作り方は36ページ

きれいな
パステルカラーで
さわやかにお客様を
お出迎え
●作り方は37ページ

ウエルカムボード

ふたりの思い出を
白い箱に飾った
オブジェ風
メモリアルボード
● 作り方は37ページ

貼ったり、はさんだり
ふたりの写真を
自由にピンナップして
思い出のギャラリーに
●作り方は37ページ

ゲストが書いた
メッセージを置いて
入口に飾りたい
ハートのラブラブボード
●作り方は37ページ

ウエルカムボード

ビーズや
花で描いた
かわいらしい文字が
楽しさいっぱい
●作り方は38ページ

愛くるしいベアは
手も足も
自由に動くから
好みのポーズで飾りたい

●作り方は38ページ

ウエルカムベア

ウエルカムベア

ベアをはじめペアのマスコットは、受付でお客様を迎えたり、お色直しで中座の間
ふたりの代わりに席に飾ったりと大活躍する。とはいえ、ボディと衣裳を
全部作るとかなりたいへん。ボディだけ作って、衣裳は花嫁のベールと
花婿の蝶ネクタイだけにしたり、市販のぬいぐるみを利用して衣裳だけ作ってもOK。

●作り方は40ページ

シルクハットで
正装した花婿と
ビーズでおめかしした
花嫁のウエルカムマウス

ウエルカムベア

ウエルカムベア

犬好きなら作ってみたい
スタンプしたメッセージ入り
仲良しウエルカムドッグ
● 作り方は40ページ

ウエルカムベア

冬のウエディングなら
冬らしい小物で
ベアもオシャレして

●作り方は40ページ

白いリースに
WELCOMEの文字を
吊るして飾る
アイデアが新鮮

●作り方は41ページ

ウエルカムリース

ウエルカムリース

**ドーナツ型のリースは、ウエルカムボードの代わりに
ドアや入口に掛けて飾り、お客様をお迎えしたい。
まあるい形のおかげで、やさしく、ソフトな雰囲気を演出できそう。
飾りに凝って、オシャレに仕上げるのがポイント。**

ウェルカムリース

ふわふわの
白い羽でオシャレした
三日月形の
スタイリッシュなリース
● 作り方は41ページ

白い鳥カゴに
グリーンを飾った
オブジェで
オシャレにお出迎え

●作り方は41ページ

ウェルカムリース

Welcome!
for
our wedding

リースに飾った栗が季節感も演出し、ナチュラルムードたっぷり
● 作り方は41ページ

ウエルカムリース

大小2つのハート形のリースでラブラブムードをアピール
● 作り方は41ページ

潮の香りが漂う
貝がらやサンゴを飾った
ホワイトリースで
元気に明るく演出
● 作り方は41ページ

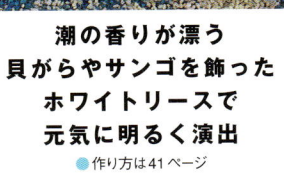

ホワイトローズが
華を添える
ラブリーなスクエアの
ポーチ
● 作り方は42ページ

ウエディングポーチ

ウエディングポーチ

当日は身だしなみに気を配りたいけど、ドレス姿のときって、
ハンカチやルージュをどこに入れていいのか困るもの。ブーケの陰にそっと持てる
ウエディングポーチがあれば、メイク直し用の小物や感動の涙をそっとぬぐう
ハンカチも持ち歩けるので安心。ドレスに合うスタイルを選んで作ってね！

花嫁のドキドキする
気持ちを落ちつかせくれる
やさしさあふれる
コットンのポーチ
●作り方は42ページ

ウエディングポーチ

透ける素材に
マーガレット風の飾りが
ふんわり映える
フレンチテイストのポーチ
●作り方は42ページ

カジュアルな
パーティに持ちたい
フェルトのバッグは
ミニコサージュを添えて
●作り方は43ページ

ウエディングベール＆グローブ

豪華な花のモチーフが
あでやかに挙式を彩る
マリアベールで
可憐な花嫁に
● 作り方は43ページ

手首を飾る
白い巻きバラが
エレガントなドレスに
映えそう
● 作り方は43ページ

ウエディングベール＆グローブ

正式なキリスト教式では、花嫁は頭につけたベールを顔の前に降ろして入場し、誓いのキスをする際、花婿がベールをあげるのが一般的。グローブは、指輪の交換のためにはずすまでは、必ずつけているもの。チャペルでの挙式に欠かせない2つのアイテムは作り方もカンタン。手作りなら挙式の感動もいっそう高まりそう。

やさしい色のパイピングと
散りばめたパールが
フェミニンな
おしゃれベール
● 作り方は43ページ

花のモチーフと
コードで
クラシカルムードを演出
● 作り方は44ページ

すそを飾る
白いバラのレースが
ロマンチックな
ドレスにお似合い
● 作り方は44ページ

手をキレイに
見せてくれるVカットと
可憐な小花のモチーフが
エレガントなグローブ
● 作り方は44ページ

ウエディングベール&グローブ

小ぶりのサイズが
とってもキュート
頭にチョコンと飾りたい
プチクラウン
● 作り方は45ページ

ティアラ&クラウン

お姫様気分でつけたい
優美なティアラは
手作りとは思えない
美しい仕上がりも魅力
● 作り方は45ページ

たっぷり飾った
大小のパールで
かわいらしさの中に
豪華さもプラス
● 作り方は45ページ

ティアラ&クラウン

花嫁の頭につける飾り、ヘッドドレスの中でも
エレガントな雰囲気を印象づけるアイテムがティアラ。
パールビーズを使って、手軽に手作りできるし、バリエーションも豊富だから、
好みのスタイルを選んで作ってみよう。

ビーズ編みで作る
可憐なティアラは
カチューシャ風につければ
初々しい花嫁に
● 作り方は46ページ

カンタンに作れて
個性的な姿もステキ
シンプルさも魅力の
ティアラ
● 作り方は45ページ

ティアラ＆クラウン

小ぶりサイズの
ティアラに
可憐な花の飾りを
たくさん散りばめて
● 作り方は46ページ

ドレス姿を華やかに彩るホワイトパールの正統派チョーカー
●作り方は46ページ

ウエディングアクセサリー

ペンダントヘッドは
好みの形で作りたい
キュートなチョーカー
●作り方は47ページ

ウエディングアクセサリー＆ブーケ

お気に入りのドレスをオシャレに着こなすためには、小物のコーディネートにもこだわって。アクセサリーはドレスと同じテイストに揃えて、さらにドレスの飾りとお揃いの素材を使って手作りするとステキ。手作りのブーケを持ちたいなら、造花やドライフラワーを使えば、時間があるときに作れちゃうゾ。

ウエディングドレスの
デコルテに
大小のパールを
散りばめて
● 作り方は47ページ

ウエディングアクセサリー

楽しく作って
たくさんヘアに飾りたい
パールビーズの
ヘアピンアクセサリー
● 作り方は47ページ

ラブリーな
ハート形のブーケは
造花だから
後に残せるのもうれしい
●作り方は48ページ

ウエディングブーケ

赤いミニバラの
バッグブーケは
大ぶりなリボンの
持ち手がアクセント
●作り方は48ページ

How to Make
リングピロー

★★★★★★★

幸せを呼ぶ エンジェルのピロー
●P6

● 材料
シャンパンカラーのサテン布17×17cm×2枚①……100円　ゴールドのリボン幅5cm×145cm④……1450円　ベージュのタッセル4コ③……1200円　ゴールドのエンジェルの飾り⑤……150円　中綿(ポリエステル)⑦……50円　ベージュのコード50cm②……50円　ゴールドビーズ2コ⑥……60円　ボンド　合計 3060円

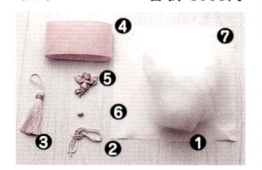

作り方
❶ 17cm×17cm×2枚に切ったサテン布は、中心に糸で印をつける。2枚を中表にあわせて、返し口5cm程度を残して、縫い代1cmで1周縫う。後からタッセルをはさみこんで縫うため、4つの角は縫い残しておこう。

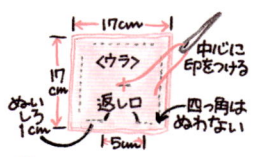

❷ 返し口から中へタッセルを入れて、そのヒモをそれぞれの角から外側へ出す。縫い残した4つの角はヒモを引き出しながら手で縫うか、あればミシンの片押さえを使って縫う。

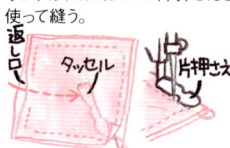

❸ 返し口から表に返して、中に綿を均等に詰めたら、返し口を縫って閉じる。クッション中央の糸の印を上下あわせて縫って、座りがいいようにヘコミをつける。印の糸はとる。

❹ クッションにリボンを十字にかけて一度結び、リボン形に結ぶ。両方のたれの部分は折り、結び目の下に入れてクッションに縫い留めておく。

❹ リボンの結び目にコードを通し、その両端にゴールドビーズをつける。リボンの結び目の上にボンドでエンジェルの飾りを貼ればできあがり。

● 指輪の通し方
ヒモに指輪を両方から通して、中央でゆるく結ぶ。めんどうなら、ヒモに指輪を2回通すだけでも、はずれない。

キュートなハートの リングケース付き
●P7

● 材料
ハート型リングケース(プラスチック)①270円　アイボリー合繊サテン(90cm幅×20cm)②160円　ケース飾り用ブレード40cm③480円　縁取り用ロープ(120cm)④360円　白っぽく光沢がある厚紙(7×7cm)⑤100円　化繊綿30g⑥30円　パールビーズ(4〜5mm玉)40〜50コ⑦200円　シルバーワイヤー(細)⑧、ミシン糸⑨、レーヨンまたはシルク糸・刺しゅう糸(以上すべてアイボリー)、両面テープ、セロテープ、工作用ボンド　合計 1600円

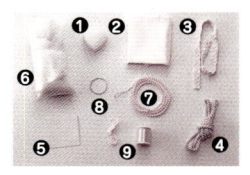

作り方
❶ サテン布はケースのふた上部を覆う大きさ(ふたの上部の幅+高さ×2+ゆるみ分)に切る。側面に両面テープを巻く。上から布をかぶせて、シワにならないように引っ張りながら、ふたの上面を貼る。次に側面はヒダを寄せて沿わせながら貼る。下にハミ出した布は切っておく。

❷ ふたの側面にさらに両面テープを貼る。この上からブレードを2段巻きつける。もし側面に合う幅のブレードがあれば1段でOK。ブレードの端はほつれ止めをしておく。これでふた部分はできあがり。

❸ 白い厚紙をケース底より3〜4mm大きく切り、両面テープで底に貼る。パールをワイヤーに通して、ハートの形に沿わせて厚紙の上に載せる。台紙の裏側からワイヤーを数カ所通して、パールを固定する。中のスポンジをサテン布で覆って、リングの差し込み口を作る。

❹ サテン布は20×20cmを2枚切る。1枚の中央に表から結婚式の日付と名前かイニシャルを刺しゅうする。2枚を中表に合わせて、返し口6cmを残し縫い代1cmでミシン縫いか細かい目の返し縫いで四角形に1居縫う。

❺ 縫い代をアイロンで折って表に返し、中に綿を詰める。形を整えて口をすくい縫いでふさぐ。縁取り用ロープを30cm×4本に切り、それぞれ端から5〜6cmのところをほどけないように糸で巻く。クッションの四隅にロープの中央を合わせて、縫いつける。

❻ 2本のロープを各角で一緒に束ねて、レーヨン糸でキッチリ巻く。先の部分をほどいたら、クシを使ってヨリをほぐし、先端を切り揃えてタッセル状にする。クッションの上にすわりがいいようにケースを置き、ケースをすくうように糸でとめて完成。

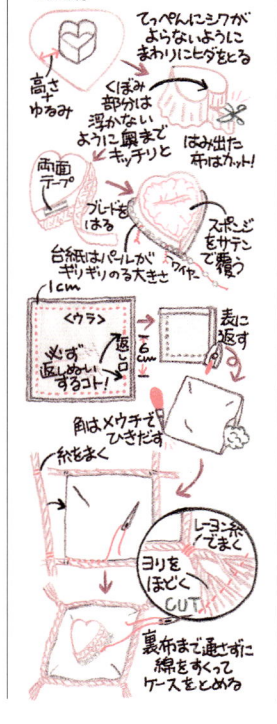

エンジェルが揺れる 2色のコンビピロー
●P7

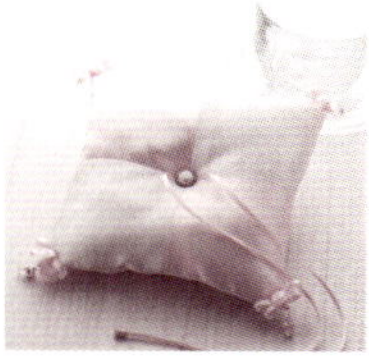

● 材料
サテン布19×19cm白、ピンク各1枚100円　薄手の白の接着芯19×19cm×2枚……100円　シルバーのエンジェルの飾り(ペンダントヘッド・先にピンク玉つき)×4コ……600円　ピンクのミニバラ付き飾りリボン×4コ……400円　パールボタン直径10mm……100円中綿(ポリエステル)……50円　ピンクのサテンリボン幅3mm×50cm……50円　シルバービーズ2コ……60円　ボンド　合計 1460円

作り方
❶ 19×19cmの白とピンクのサテン布の裏に、それぞれアイロンで接着芯を貼っておく。この白とピンクの布を、それぞれ4等分(9.5×9.5×4枚ずつ)に切る。

❷ 2色の布を中表にあわせて1辺だけを縫う。これを4セット作る。白とピンクが交互になるように2枚を縫い合わせて正方形の布にし、2枚作る。この2枚を中表にあわせ、返し口5cm程度を残して縫い合わせる。

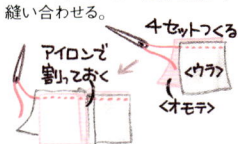

❸ 返し口から表に返し、中に綿を詰めたら返し口を糸で閉じる。4つの角に、エンジェルの飾りとミニバラ付き飾りリボンを糸で縫い付ける。

❹ クッションの中心にパールボタンを縫い付ける。ボタン穴にリボンを通し、両端に結び目を作りボンドをつけ、シルバービーズに差し込む。

リングピロー

赤いバラを敷き詰めた ハート形のボックス
●P7

●材料
シートモス30×30cm①600円
ハート型ワイヤーボックス（ここでは11×12×深さ4cm程度）④400円
ドライブリック13×13cm③200円
ドライフラワーの赤いバラ19本
②3700円　パール4mm玉×50粒ぐらい⑤50円　白いワイヤー#24×20cm10　高温のグルガン、型紙用の紙、カッターナイフ
合計　4960円

作り方

❶薄い紙にワイヤーボックスをのせて底の形を写し取る。ボックスの高さ×底の周囲の長さの長方形を書く。それぞれの線からボックスのワイヤーの太さ＝2mm分内側を切って、型紙を作る。型紙をシートモスの上にのせて写し取り、ハサミで切る。

❷モス面が外側になるようにハート形シートを底に敷く。同様に側面用シートも側面に入れる。パールにグルガンをつけて、ワイヤーの隙間から側面のモスに1粒ずつ貼って飾る。

❸型紙に合わせて厚さ1cm程度のドライブリックをカッターナイフでザクザクとハート形に切る。高温のグルガンを塗ってから底に接着する。

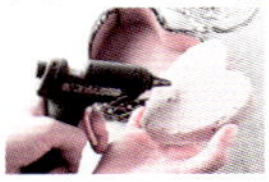

❹バラはボックスから花が少し上に出るように長さを切り揃える。茎の先にグルガンをつけてから、ハート形に沿って1周ドライブリックにさす。同じように、しつけをかける。ピローの糸印に沿って透明糸でレースの端を1周縫い付ける。角はその隙間を埋めるように残りのバラもさす。

❺長さ10cmのワイヤーにパール15粒を通して輪にし、下をねじってとめる。パール部分を2～3回大きくねじり、リング掛けを2つ作り、さしこむ。

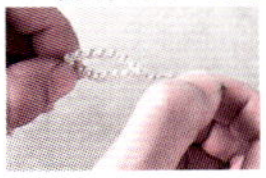

豪華なレース飾りの ホワイトピロー
●P8

●材料
アイボリーのシルクサテン17×17cm×2枚①600円　アイボリーのチュールレース幅66cm×70cm⑤700円　アイボリーのサテンリボン幅3mm×2m④220円　つや消し白パール8mm玉×2粒③20円　中綿（ポリエステル）約20g④40円　透明糸、しつけ糸、ボンド、アイロン、めうち
合計　1580円

作り方

❶サテン布は17×17cm×2枚に切る。1枚はしつけ糸で、端から4～5cmのレース付け位置に正方形に糸印を付け、中心には×の糸印を付ける。2枚を中表に合わせて返し口5cm程度を残し、縫い代1cmで1周縫う。手縫いでもミシン縫いでもOK。

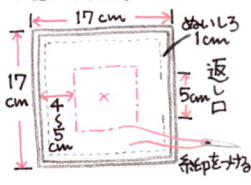

❷縫い代を低温のアイロンで折る。角は特にていねいに折ろう。返し口から表に返したら、めうちで角を出してアイロンを当て、形を整える。中綿を均等に詰めて、口を閉じる。

❸レースの両端は、中表にして縫い合わせる（布端が中に隠れるように袋縫いにするとキレイ）。縫い合わせた部分が角にくるように、しつけをかける。ピローの糸印に沿って透明糸でレースの端を1周縫い付ける。角は両方からヒダを寄せて縫おう。

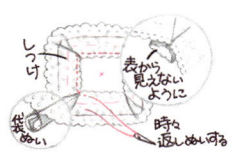

❹リボンは30cm×4本に切る。レースの四隅に、リボンの長さの半分の部分を縫い付ける。その際、ピローの裏側まで糸を通して、少し引き加減にして、表に4カ所へこみを作ると、レースが立ってキレイ。

❺残りのリボン80cmの両端は細く切って、刺しゅう針などに通してパール玉に通し、先を結び、動かないようにボンドでとめる。このリボンの長さの半分の部分をピロー中心の糸印に縫い付ける。それぞれのリボンを結べば、できあがり。

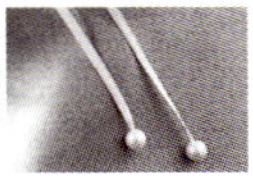

波打つレース飾りの ハート形ピロー
●P8

●材料
型紙(P85)アイボリーのシルクサテン20×20cm×2枚700円　アイボリーのケミカルレース幅50mm×70cm 500円　アイボリーのらせん形ブレード43cm100円　アイボリーのサテンリボン幅3mm×80cm90円　リボンの巻きバラ100円　中綿(ポリエステル)約20g40円　透明糸、しつけ糸、接着芯
合計　1530円

作り方

❶P85の型紙を利用してサテン布をハート形に2枚切る。ほつれ止めにハートのへこみ部分に小さく接着芯を貼る。1枚はレース付け位置に1周ハート形に糸印を付け、リボン付け位置に×の糸印を付ける。2枚を中表に合わせて縫い代1cmで返し口約5cmを残し、1周縫う。縫い代はハートのくぼみ部分だけ切り込みを入れ、低温のアイロンで折る。左のホワイトピロー②の要領で表に返し、綿を詰め口を閉じる。

❷左のホワイトピロー③の要領でレースの両端を縫い合わせ、ピローにのせしつけをかける。その際カーブに沿ってレースが広がるよう、左右のバランスを見ながら内側の端はひだをたたみタックを寄せ、糸でとめる。透明糸でレースを縫い付ける。

❸ハートの下中央から、レースの端に1周ブレードを縫い付ける。縫い始めと終わりは、端が見えないように角を中に入れて縫う。ハートの上に巻きバラを縫い付ける。リボン付け位置2カ所に、長さ40cmのリボンの真ん中を縫い付けてキレイに結ぶ。

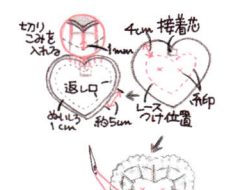

モヘアとビーズが彩る ケーキ形リングピロー
●P9

●材料
サテン生地、ビーズ約240粒、てぐす糸、パンヤ、アクセサリー用ワイヤー、つむいでいないモヘア、モヘア、透明の糸
合計　6500円

❶アクセサリー用ワイヤーにつむいでいないモヘアを巻きつけ、始まりの部分をてぐすで結ぶ(40cm×2本、52cm×2本分作る)。

❷てぐすにビーズを数個ずつ通して、ひとかたまりごとに①に結び留める。

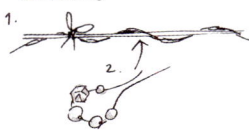

❸サテン生地で大小2つのクッションを作り、2段に重ねて縫いつける(大：13cm×13cmの上下を2枚、5cm×52cmの側面を1枚)(小：10cm×10cmの上下を2枚、4cm×40cmの側面を1枚)。

❹ クッションの周りに②で作ったビーズのガーランドを透明の糸で留めつける。クッションの上の部分には、指輪を結ぶためのモヘアを2本縫いつける。

花びら飾りのオーガンジーピロー
●P10

●**材料（1コ分）**
オーガンジー18cm×18cm×4枚、3mmのサテンリボン45cm×2本、綿16cm×16cm×高さ4cm、オーロラまが玉ビーズ大2粒、オーロラ六角ビーズ小20～30粒、パールシードビーズ小約340粒、造花のバラの花びら大小計6枚、造花の葉大小計4枚
合計　約2800円

作り方
❶ バラの花びらと葉っぱに、オーロラ六角ビーズをボンドで付ける。

❷ オーガンジーに①をバランスよくボンドで貼り付ける。正方形の中心から左右3cmずつの位置に葉っぱを付ける（最後にサテンリボンを縫いつける位置）。

❸ ②の上にオーガンジー1枚を重ね、これを上側とする。2枚のオーガンジーを下側とし、中表にして、一辺を残して縫い代1cm入ったところを縫い合わせる。

❹ ③を表に返して角をキレイに出し、形を整える。綿を詰めるための一辺は1cm入ったところをしつけ糸で縫い、アイロンで内側に軽く折っておく。綿を詰めたら、一辺をまつり、しつけ糸を外す。

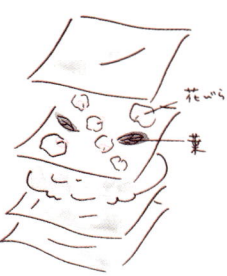

❺ ②の葉っぱの位置にサテンリボンの中心をまが玉ビーズを通しながら縫いつける。

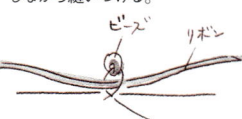

❻ 正方形の縁にパールシードビーズを1粒、3粒、1粒と交互に縫いつければできあがり。

ふわふわフェザーにハート形のリング掛け
●P10

●**材料**
ホロホロ鳥の羽2袋（P94のヴァンキャトルでの取り扱いあり）、アルミワイヤー（1.2mm）、フローラルテープ（白）、ワイヤー（#24）、ペンチ　合計　約2000円

作り方
❶ 羽に1本ずつワイヤーをかけ、フローラルテープで留める。

❷ ワイヤーをかけた羽を形作りながら束ねる。

❸ アルミワイヤーにフローラルテープを巻きつけ、先端をペンチでねじり、リングをかける部分を作ったものを2本用意する。フローラルテープを巻いたアルミワイヤーで2本を1本に束ね、②の羽の中央に挿しこみ、裏でねじって固定し、全体の形を整えたら完成。

ハートとスクエアの小ぶりサイズ
●P11

●**スクエアーのリングピローの材料**
オフホワイトのモアレの布18×16cm×2枚200円、綿100g、直径11mmの半透明ビーズ4コ、アンティークの造花2輪400円
合計　約1300円

作り方
❶ オフホワイトのモアレの布を18×16cm×2枚に切る。1枚の

表に、ふたりの名前、&、挙式年月日を刺しゅうする。

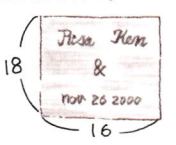

❷ 布はアイロンでシワを伸ばし、2枚を中表にあわせ、返し口を残し1周縫う。

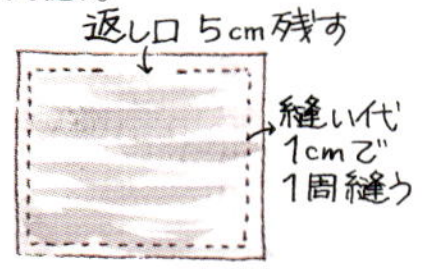

❸ 袋を表に返して、返し口から綿100gを少しずつちぎって詰める。返し口はかがり縫いで閉じる。

❹ 四隅に直径11mmの半透明のビーズを縫い付ける。縫い目より上につけるとキレイ。サムシングオールドにちなみ、リングを置くアンティークの造花2コを縫い付ける。

●**ハートのリングピローの材料**
ライトブルーのモアレの布18×16cm×2枚200円、綿100g、アンティークの造花2輪400円
合計　約700円

作り方
❶ 布をハート形に2枚カットし、1枚は表にHappy Weddingの文字を刺しゅうする。

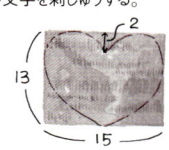

❷ 布はアイロンでシワをのばし、2枚を中表にあわせて、返し口を残して1周縫う。

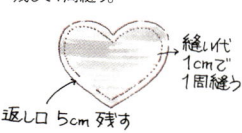

❸ 袋を表に返して、返し口から綿100gを少しずつちぎって詰める。返し口はかがり縫いで閉じる。

❹ サムシングオールドにちなみ、指輪掛け用にアンティークの造花2輪を縫い付ける。

羽根でおめかししたドラマチックピロー
●P10

●**材料**
アクアフォーム、リボン（幅広白3種、幅細白1種）、羽根（白）、花（バラ）、まち針、ペンキ（白）
合計約1万3900円

作り方
❶ アクアフォームを20cm×20cm×高さ7cmにカットし、白のペンキで塗る。

❷ 幅広のリボン2種を25cmの長さに切り、①で上になる部分にストライプ状になるように交互に巻き、両サイドをまち針で留める。

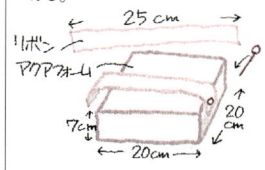

❸ ②の側面に羽をボンドで貼り、もう1種の幅広リボンをその上に巻き付ける。

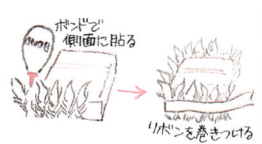

❹ 幅細のリボンを蝶結びし、まち針でそのリボンと花を挿し、③に挿す。

リングピロー

How to Make
ウエルカムボード
****

花いっぱいの オシャレボード
●P12

●材料
グリーンのスタイロフォーム52×7cm570円　グリーンの薄紙65×55cmぐらい①80円　イラストボード52×40cm120円　ドライフラワーのコンパクター10輪⑦2000円　ドライフラワーの白のかすみ草1束25g⑧1000円　ドライフラワーの白のヘリクリサム1束⑥800円　緑のホーリーオーク1束70g⑤900円　金色のホーリーオーク6枚④100円　リネンシート(色はナチュラル)1m②300円　金色のコード幅8mm×3m③650円　緑のワイヤー#20×4本15円　白のワイヤー#24×5本10円　グルガン、カッターナイフ　合計　6545円

作り方

①スタイロフォームはカッターナイフでザクザク切り、52×7cm、13×7cmを各2本ずつ作る。4本を組み合わせて四隅をグルガンで接着し、フレームを作る。イラストボードをカッターナイフで52×40cmに切る。この上に完成したフレームをグルガンで貼る。

②フレームの上からグリーンの薄紙をかぶせる。フレームの内側の窓部分は、のりしろ分だけを残して切り取る。紙の四隅に斜めに切り込みを入れたら、紙でフレームを覆い隠すように、フレーム内側の辺にグルガンで1周紙を貼ってとめていく。

③緑のワイヤーを7cmに切って、両端を親指と人差し指で持ってギュッとU字曲げて、Uピンを10コ作る。リネンシートは長さ50cmに切り、さらに幅の半分に切って4本にする。シートはそれぞれバイアスになるように斜めに引っ張って、切れ端を内側へ隠しながらふっくらと巻く。これをフレーム1辺に1枚、途中それぞれ2、3カ所Uピンで押さえながら、ゆるやかに曲線を描くように1周飾りつける。シートは触りすぎると、張りがなくなってしまうので、何度もやり直しはしないこと。

④コンパクターは茎を2、3cm残して斜めに切っておく。茎の先にグルガンをつけてフレームの四隅とその中間にさして飾る。

⑤かすみ草は長さ9cmに切り、直径5cm程度の花束にまとめ、白いワイヤーで巻いてとめて20コ作る。茎の先にグルガンをつけて花の間にさして飾る。

⑥緑のホーリーオークは、茎の先にグルガンをつけてから隙間を埋めるようにさす。さすときは葉を寝かせないで、垂直に立てたり斜めにしたりして、動きを出そう。次に金色のホーリーオークを同様にさしていく。もし金色がない場合は、緑の葉に金色のスプレーで着色して使ってもイイ。

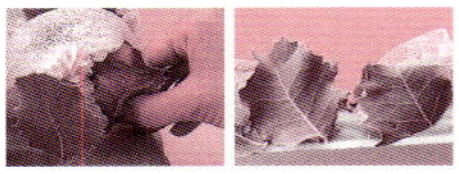

⑦白のヘリクリサムは、長さ9cmぐらいに切る。茎の先にグルガンをつけてから、全体のバランスを見ながら、隙間を埋めるようにする。

⑧金色のロープは、両端に緑のワイヤーをくるくる巻いてからそのまま3cm程度ワイヤーを出して切る。これを花、シート、葉の上に曲線を描くように置いて、ところどころグルガンで接着しながら1周飾りつける。内側の窓の部分に、文字を印刷した紙を入れれば、できあがり。

ビーズ文字と写真を飾ったボード
●P13

●材料
縁が銀の額縁・太子サイズ、ステンレスワイヤー#30、のりパネ、アイボリーの薄い木綿、ミニビーズ・透明とシルバーの2種、押さえ用のピン、オフホワイトの紙、写真、飾り用の生花
合計　約6300円

作り方

①額のガラスをはずす。のりパネを額に入るように切り、シール面に木綿の布をシワにならないように貼り、額に入れて土台にする。

②2種のビーズを混ぜてワイヤーに通したら、土台に沿って四角い二重の枠を作り、何カ所かピンでおさえて固定。

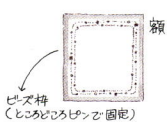

額
ビーズ枠
(ところどころピンで固定)

③紙を好みのサイズに大小4枚切る。それぞれにWelcome to our Wedding Reception と、挙式日時、会場名、ふたりの名前を筆記体で書く。ポイントになる文字や数字は、インクの色を変えたり、空欄にし、ビーズの文字を作って埋めよう。

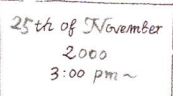

25th of November
2000
3:00 pm～

④2種のビーズを混ぜてワイヤーに通して直線にし、両端は2、3コにぐるっと1周通してから留める。これを曲げてふたりのイニシャル、③で残したW、Rの文字、挙式年月日の数字を作る。さらに直線を2つに折り、2本一緒にねじって飾りにしたり、小さな四角い枠も作る。

最初と最後の
ビーズ2.3個を
1周して固定

⑤③の紙を大きなものから順にバランスよく並べる。間にふたりの写真を飾り、すべてピンで留める。④のビーズの文字や数字をちりばめて、ピンで留める。生花を飾れば、できあがり。

ホワイトストーンを敷きつめたボード
●P13

●材料
板、イラストボード、アクリル絵の具(白)、白い玉砂利、ワイヤー入りリボン、白い用紙、花、グルガン、木工ボンド
合計　約4000円

作り方

①板とイラストボードを下の図のサイズにカットして、木工用ボンドで貼り合わせる。

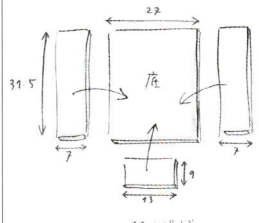

27
31.5
板
7　9
イラストボード
27

②①の上下・左右をアクリル絵の具で塗り、乾いたら石をグルガンで貼り付ける。その際花を付けたい部分に1カ所、リボンが通るくらいのすき間を空けておこう。

③窓枠のサイズに合わせた用紙に文字を書き、板の上部から差し込む。すき間を空けた石の間にリボンを通して、束ねた花を結べばほら、もうできあがり。

＊お役立ちコラム＊

ウエルカムボードは中に貼る文字にもひと工夫しよう

ウエルカムボードをオシャレに仕上げるには、中央の文字にもこだわろう。カリグラフィーペンを使ってカリグラフィー風に文字を書いてもステキ。パソコン印刷なら、カッコイイ書体を選ぼう。文字の色も飾りや会場に合わせて変えると、センスよく見えるヨ。

ウエルカムボード

パステルカラーの さわやかボード
●P13

●材料
コットン張りキャンバスF8①540円 シナマイロール70cm⑤300円 白い枝(三叉)8本⑧180円 ワイヤー♯34・230cm②30円 パール(イエロー)5mm玉×40⑥60円 ドライフラワーのラグラス・オレンジとクリーム各15本⑦250円 ドライフラワーのヘリクリサム7本⑥280円 黄色の画用紙1枚⑨45円 小鳥の飾り④230円 ブルーのサテンリボン幅2.5×80cm③225円 ボンド、ホッチキス、ハサミ、両面テープ、文字印刷用の白い紙
合計 2140円

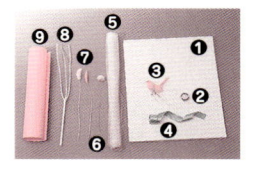

作り方
① キャンバスの表側にシナマイロールをかぶせる。ホッチキスを広げたら、針の部分をキャンバスの裏側に押しつけてパチンと留めていく。

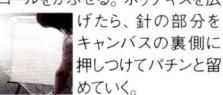

② キャンバスに白い枝を上下、左右にフレーム状に組んで置き、枝のところどころを白い糸で縫って留める。

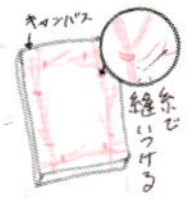

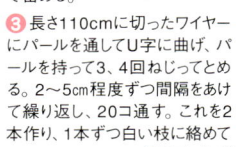

③ 長さ110cmに切ったワイヤーにパールを通してU字に曲げ、パールを持って3、4回ねじってとめる。2〜5cm程度ずつ間隔をあけて繰り返し、20コ通す。これを2本作り、1本ずつ白い枝に絡めて固定しながら、周囲を囲むように飾っていく。

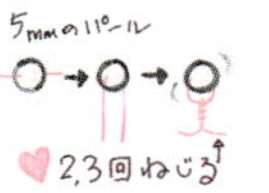

④ ドライフラワーのラグラス・オレンジ色とクリーム色は、茎を2cm程度つけてハサミで切る。茎の先にボンドをつけたら、白い枝の周囲を飾るようにシナマイロールの編み目に差し込み固定する。

⑤ ドライフラワーのヘリクリサムは、白い枝で作ったフレームの内側に花がくるように、白い枝に茎を絡めて固定して飾る。

⑥ 黄色の画用紙を20cm×27.5cmぐらいに切る。ひと回り小さい白い紙に文字をパソコンなどで印刷し、画用紙の中央に貼る。これをフレームの中央に置き、四隅の裏側を両面テープで接着する。

⑦ 小鳥の飾りは、足の下のワイヤーをキャンバスに差し込んで固定し、裏側でそのワイヤーを白い糸で縫って留める。

⑧ 10cmに切ったワイヤーをU字に曲げる。リボンを結び、結び目にU字ワイヤーを通したら、キャンバスの左上に差し込み、裏でねじってリボンを固定する。リボンの左右のたれは形よく流して、ところどころ両面テープで固定する。

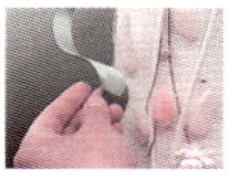

⑨ P85の花の型紙を使い黄色の画用紙を切り、花びらのつけ根に折り目をつけ飾りを5枚作る。バランスを見ながら両面テープで貼る。

白い箱に思い出を 飾るオブジェタイプ
●P14

●材料
標本箱(木箱でも)26.5×35.5cm程度①3800円 造花のぶどう1房④280円 白い紙30×30cm×2枚 60円 シルバーの紙30×30cm 30円 プラモデル用ミニチュア人形(スキーヤー)②1600円 木板2.2×12cm程度20円 シルバーのスパンコール20コ③20円 オフホワイトのペンキ750円 虫ピン2本、銀のラメ入りマニキュア、赤と白のヒモ(ラフィア)、金色の厚紙、強力ボンド、ハサミ、発泡スチロール、ワインの空きビン、コルク栓、小枝など思い出の品、型紙(P85) **合計 6560円**

作り方
① 標本箱は、ここでは使わないガラスのふたをはずして、全体にオフホワイトのペンキを塗って乾かしておく。箱に収まる長さに切った小枝2本と木板も、同様にペンキを塗って乾かしておこう。

② 発泡スチロールを細かくちぎり、箱の下のほうに強力ボンドで山の形に貼る。ワインのビン、白いヒモを巻いたコルクも貼って、ぶどうは虫ピン2本で上と下をおさえる。

③ ペンキを塗った小枝2本を強力ボンドで貼る。スキー板を持たせたミニチュア人形を木板に貼って固定し箱に貼る。

④ 紙にWelcome to our Weddingと日付を印刷し約12×14cmに手でちぎって貼る。ふたりの写真を貼った金色の厚紙の裏に厚さ5mmの発泡スチロールを貼り、右上に貼る。

⑤ 図のように白い紙を家の形に切る。箱の右下の内側に家の下部分を貼り、家を立たせる。

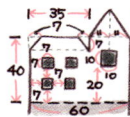

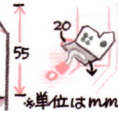

⑥ 図のように白い紙で雪の結晶を作り、赤いヒモを通して小枝にかける。P85の星の型紙に合わせて白い星10コ、シルバー2コを切り、白の数コは銀のラメ入りマニキュアを塗る。星は両面テープで、スパンコール20コは強力ボンドで貼って飾る。

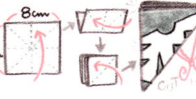

ハート尽くしの ラブラブボード
●P15

●材料
木のボード、石、ペーパー(ブルー4色)、アクリル絵の具(ライトブルー、濃いブルー)、白ペンキ、紙やすり(粗め)
合計約3300円

作り方
① 木のボードを白ペンキで塗り、乾いたら紙やすりをかける。2色のアクリル絵の具を混ぜ、中央にWelcomeと書く。

② 白い石をWelcomeの文字が中央にくるようにハート形に置く。4色のペーパーを大中小さまざまな大きさのハートに切る。

自由に写真を飾れる ピンナップボード
●P15

●材料
キャンバス(40cm×50cm)、布(ブルーグレー)、リボン5種、花、ポストカード
合計約1万1000円

作り方
① 布を50×60cmに切り、キャンバスに被せる。裏面でキャンバスと布をボンドで貼る。

② リボン5種を①にバランスよく巻きつけ、両端をキャンバスの裏面にボンドで貼り、ポストカードや写真を挟み、花の中央に材料を挿し、バランスよくキャンバスに挿していく。

ビーズや花の文字がポップなボード
●P15

●材料
木綿の水色の布44×29cm 180円　ドライフラワー・イモーテル①1/10袋100円　パール5mm玉53粒200円　ロイヤルブルーの4mm玉ビーズ43粒400円　白のコード1m②180円　青のビーズ5mm玉5粒（名前の上と横）100粒程度200円　デコワイヤー♯25×40cm③20円　造花の白の小花（ドレスパーツ姫ざく）18コ④150円　青のミニビーズ18粒30円　青のチェックリボン幅4mm×2m400円　ラワン材91×1.4×4.5cm×2本390円　白の多用途スプレー（木の着色用）580円　イラストボード49×34 200円　ほつれ止め液、白のチャコペン、ピンセット、グルガン、セロハンテープ、木工用ボンド即乾タイプ、ハサミ、紙ヤスリ40番、つや出しスプレー、タッカー⑤
合計　3130円

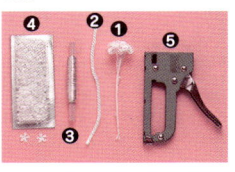

作り方

❶ 布は端にほつれ止め液を塗り、白のチャコペンで字を下書きする。WとDとGの字はイモーテルの花をハサミで切り、ピンセットで1コずつグルガンで貼る。EとINはロイヤルブルーのビーズを同様に貼る。

❷ ふたりの名前の字は、白のコードがほつれないように、ハサミで切る部分に1周セロハンテープを巻く。テープの上からハサミで切ってテープがついたまま字の形にグルガンで貼る。飾りの青いビーズ5mm玉5粒を字の上にグルガンで貼る。名前の左右と真ん中の3カ所に白の小花、その中央に青のミニビーズをグルガンで貼り小花の飾りにする。

❸ 数字は糸を通した針にパール1〜2粒を通して布に縫いつけ、続けてパールを通して縫うのを繰り返して描く。

❹ 数字の右側のハート飾りは③の要領で青の4mm玉ビーズを縫いつけ、波線を描く。20cmに切ったデコワイヤーに同じビーズ21粒程度を通して輪にし、下をねじって止め、輪の上をおさえてハート形にする。ねじった下の片方のワイヤーにビーズ15粒程度を通し、最後の1粒に手前からもう1周ワイヤーを通して玉止め。余りともう一方のワイヤーを切る。

❺ ハートの片側だけグルガンをつけ、波線の中央のビーズとビーズの間にハートの付け根がくるように貼る。ハートのもう一方側と足の部分が起きるように形を整える。②の要領で、小花の飾りを3カ所に貼って飾る。

❻ 数字の左側のハート飾りは、右側と同様にビーズを縫いつけてハート形とその下に直線を描く。20cmに切ったデコワイヤーの端に同じビーズ1粒を通して、片側からワイヤーをもう1周通してから玉止めする。続けてビーズを12粒程度通したら、最後の1粒は最初と同様に片側からもう1周通して玉止めして、ワイヤーは5mmだけ残して切っておく。

❼ ⑥で描いたハートのつけ根の下のビーズとビーズの間にグルガンをたっぷりつけから、⑥で残したワイヤー5mmを粒の間にはさみようように形を整え、乾いたら起き上がるように形を整え、②の要領でその先端に小花の飾りを貼って飾る。

❽ ラワン材はボードに合う額縁が組めるように、ホームセンターなどで切ってもらう。表面を紙ヤスリ40番でツルツルに磨いておく。広げた新聞紙の上に置き、白のスプレーを全面に吹きつけて白く塗る。サイドや裏も忘れずに。屋外で2〜3時間乾かしたら、もう一度スプレーする。あれば、一晩おいてからつや出しスプレーをし、さらに一晩おいて定着させるとキレイ。

❾ ラワン材4本を額の形に組み、四隅はズレないように木工用ボンドで止めて乾かす。さらに、裏側からタッカーで四隅を各2カ所ずつ止めてしっかりと固定しておこう。

❿ イラストボードを布より一回り大きく（ここでは49×34cm）に切る。完成した布の裏の角にグルガンをつけて、布がシワにならないように引っ張りながら、1辺ずつボードに貼っていく。乾いたら、布の余白にグルガンをつけて、その上へ額をのせて接着する。

⓫ リボンは片側30cmを残し、下の段から約1cmずつ小さくなるように3段分屏風だたみにする。余ったリボンは折り目を三角形に折って下へ流し、縫って止めて糸は切らずにおく。

⓬ ⓫で残した30cmのリボンを上からぐるりとかぶせ、先ほどの糸で縫って止める。これを額の左上にグルガンで貼り、長いたれをキレイに飾りつける。②の要領で、小花の飾りを散らすようにグルガンで貼る。ベアなどのぬいぐるみも一緒に飾るとキュートだ。

＊お役立ちコラム＊
手作りするなら新居に飾ることも考えて

ウエルカムボードやウエルカムリースは、会場で最初にゲストを迎えるなど、大活躍するアイテム。さらに挙式後は新居の玄関や居間に飾る人が多く、長く人目に触れることになる。

そこで作る際は、会場で映えることはもちろん、新居に飾ることも考慮しよう。飾りや色も新居で違和感のないものを選ぶと、インテリアとして映えるステキな作品に仕上がるはず。これなら、新居に遊びにきた友人に、もう一度自慢できちゃうね。

How to Make
ウエルカムベア
＊＊＊＊＊＊＊

手も足も自由に動くウエルカムベア
●P16

ベアのボディの作り方

●ベアのボディ材料
クリーム色の巻き毛のフェイクファー150cm幅×20cm②1000円　アイボリーの人工スエード10×13cm⑤200円　プラスチックジョイント35mm×5組③320円　プラスチックアイ直径10mm×2コ④40円　こげ茶色の刺しゅう糸5番（鼻用）⑥10円　クリーム色の刺しゅう糸25番（日付用）⑦10円　化繊綿（つぶ綿）100g①500円　手縫い糸（30番か50番の太いタイプ）、ハサミ、サインペン、めうち、ぬいぐるみ針、さいばし
合計　2080円

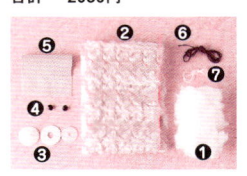

❶ P86,87の型紙をコピーし、型紙に合わせて指定の縫い代をプラスして各パーツを裁断する。合い印の位置をサインペンで布に書く。刺しゅう糸2本どりで、足裏のスエードに挙式年月日とふたりのイニシャルを刺しゅうしよう。

❷ 以下すべて布は中表に合わせ、返し口を残して縫う。胴はダーツを縫い、縫い代を割る。胴2枚を合わせて縫う。腕は内腕と手のひらを縫い合わせ、縫い代を割る。これを外腕と合わせて縫う。耳は2枚を縫い合わせ2コ作る。足は2枚を合わせ足底も残して縫う。足底とスエードの足裏を合わせ、ズレないようにつま先とかかとを手で縫いとめてから縫う。以上を返し口から表に返し、縫い込まれた毛先はめうちで表に出す。

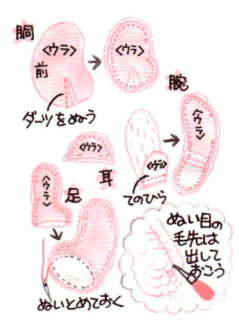

③ 頭を縫う。側頭2枚を中表に合わせ、あご下まで縫い、縫い代を割る。この側頭布と中央頭を中表に合わせ、先に鼻先の丸い部分を手縫いで縫い合わせる。残りを合い印までまち針をうちながら、ズレないように縫う。②の要領で首から表に返す。

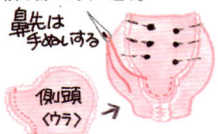

④ 形を見ながら、頭に綿を詰める。耳に少なめに綿を詰め、口を縫じて閉じる。バランスを見ながらまち針で耳を頭にとめる。手縫い糸2本どりで耳の外側から内側へとじ付ける。中央内側がくぼむようにつけよう。

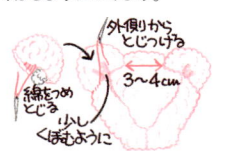

⑤ 鼻部分の毛脚を少しカットし、こげ茶の刺しゅう糸で横に縫って鼻にする。首回りをぐし縫いし、ジョイントのディスクをセットし、糸をしぼりしっかりとめる。まち針で目の位置を決めめうちで穴を開ける。長いぬいぐるみ針に手縫い糸2本どりで玉結びにし、首から目の位置に出す。プラスチックアイに糸を通し、目の位置に針を戻し、首の部分から出し、糸を引いて調節しながら玉止め。奥目にするとカワイイ。

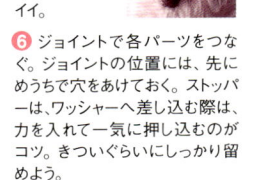

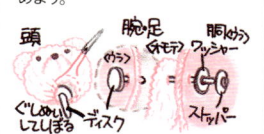

⑥ ジョイントで各パーツをつなぐ。ジョイントの位置には、先にめうちで穴をあけておく。ストッパーは、ワッシャーへ差し込む際に、力を入れて一気に押し込むのがコツ。きついぐらいにしっかり留めよう。

⑦ つながったまま胴、足、腕と順に、さいばしを使いながら綿を詰める。詰めた口を糸2本どりでコの字にすくいとじでとじれば、できあがり。

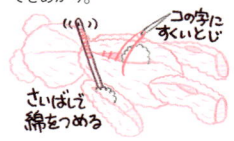

花嫁ベアの衣裳の作り方

＊ドレス＊

●材料（ウエスト28cmの場合）
オフホワイトのブライダルサテン（ポリエステル）80×45cm 800円
アイボリーのストライプリボン幅25mm×90cm 230円
接着芯32×8cm 80円
カギホック1組 20円
アイロン接着両面テープ 50円
合計 1180円

① P89のドレスの型紙に合わせて、布を裁断する。接着芯はドレスのトップと同じ形に切って、布の裏にアイロンで貼っておこう。

② トップのウエストラインとスカートを中表に合わせて、縫い合わせる。トップの縫い代（カーブの部分）に切り込みを入れたら、1cm裏側に折る。折った縫い代の下にアイロン接着両面テープ（9mm幅）をはさみ込んで、アイロンを当てて接着するとカンタン。あるいは縫い代を折って、端ミシンをかけるか手で縫って始末してもいい。

③ ウエスト部分の縫い代を上に倒し、アイロンで押さえる。さらに表から落としミシンかステッチをかけると丈夫。

④ スカートの後ろ中心を中表に合わせあき止まりまで縫い、縫い代を割る。スカートのすそをできあがり線で折り、アイロン接着両面テープでとめるか、ミシンか手で縫う。後ろにカギホックをつける。ウエストにリボンを結び、後ろの中心で縫い固定。リボンの先をV字に切る。

＊ベール＊

ソフトチュールは直径70cmの円形に切り、7cm差をつけて2つに折る。折り目下の中央約23cmをぐし縫いする。糸を引いて3cm程度に縮めたら、その上に造花のバラ3コをのせて、それをリボンではさみ、上から縫って固定する。これを両面テープで、頭に接着する。

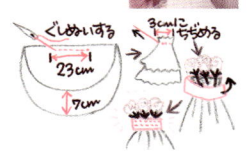

＊ネックレス＊

首回りの寸法に合わせて、糸にパールビーズを通す。その中央にはパールペンダントトップを通して、糸を首の後ろでほどけないようにしっかりと結ぶ。

＊ブーケ＊

造花のバラ5本と葉5枚をまとめてフローラルテープで巻き束ねを作り、リボンを結ぶ。

花婿ベアの衣裳の作り方

＊ベスト＊

●材料
グレーのサテン布23×35cm 200円
接着芯23×35cm 110円
アイロン接着両面テープ9mm幅適宜 50円
スナップ（黒）2コ 40円
パールビーズ2コ 80円
グレーのミシン糸
合計 480円

① P89の型紙に合わせて、本体布を1枚裁断する。接着芯も同様に切って、布の裏にアイロンで接着し、合い印をつける。カーブの部分だけ縫い代に切り込みを入れて裏側に折って、アイロンで押さえておく。

② 前と後ろの脇を中表に合わせて縫う。両脇の縫い代をアイロンで割り、すそを折り返す。全部の縫い代と表布の間にアイロン接着テープをはさみ、アイロンで接着。ポケットは形に折り上から縫い付ける（面倒なら省略しても）。前の内側にスナップを2段縫い、その表にボンドでパールビーズを貼る。

＊ズボン＊

●材料（ウエスト28cmの場合）
グレーのバックサテンシャンタン30×47cm 300円
シャーリングテープ幅12mm×約10cm 50円
アイロン接着両面テープ 50円
グレーのミシン糸
合計 400円

① P88の型紙に合わせて、布を2枚ずつ裁断する。すそとウエストを印で折って、アイロンを当てる。前と後ろズボンを中表に合わせて、脇と股下を縫い合わせ、2本作る。

② 2本のズボンは中表にし（1本をもう1本の中へ入れて）合わせ、股上を前後続けて縫う。ベストの2の要領でアイロン接着テープ（9mm幅）ですそとウエストを始末する。ウエストの後ろのベルト位置にシャーリングテープを縫い付ける（面倒なら省略しても）。

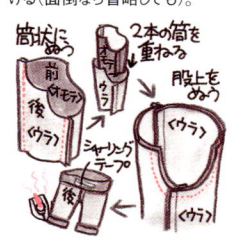

＊蝶ネクタイ＊

幅25mm×長さ30～40cmの黒とグレーのストライプリボンの中央を結んで、結び目を整えたら、裏で結び目を縫って固定する。首回りに合わせてから、幅を三ツ折りにし、アイロン接着両面テープを使って固定する。両端に着脱テープをつければ、できあがり。

＊ブートニア＊

花嫁ベアのブーケと同じ造花のバラと葉をまとめて、ポケットに飾る。

＊お役立ちコラム＊

手作りベアは披露宴や二次会でも飾っちゃおう

せっかく頑張って手作りしたウエルカムベアだから、ゲストにもたっぷり自慢したいもの。まずは受付に飾り、ゲストをお出迎え。次は披露宴でふたりが中座中に、ふたりの代わりにテーブルに置くのが定番。またケーキカット用のケーキの前に飾っておくのも目立つ。さらに二次会にも持参して、たっぷり愛嬌を振りまいてもらおう。

なお、ベアの衣裳は、ふたりの衣裳をマネして作ると記念になるはず。

ウエルカムベア

ウエルカムベア

小物でおめかしした ウエルカムマウス
●P17

●材料
シルクサテン（白と黒）、綿、クリスタルラインストーン、ビーズ（白）、ワイヤー（白とシルバー）、スパンコールテープ、フリルレース、てぐす、接着芯、待ち針
合計 約2000円

作り方

① 生地にP90の型紙をのせ裁断。顔2枚を中表にして、鼻から下を縫い合わせる。鼻上に頭部分の布をのせ、両サイドを縫い合わせ表に返す。

② 綿を好みの量を詰める。てぐすを2本束ね中心を鼻にあて、糸2本どりで縫い留める（イラストの要領で縦方向に3回、クロス状に2回）。

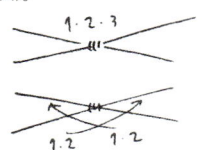

③ 耳を中表に縫い、表に返して耳のつけ位置に2つ折りに入れ込み、縫いつける。

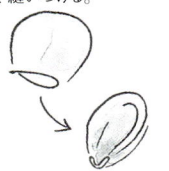

④ 体を裁断し、芯を貼る。5mmの裾を折り、手縫いもしくはミシンで縫う。花嫁は裾にスパンコールを2段ミシンつけし、首元にレースを縫いつける。体を中表にし脇を縫い、表に返す。

⑤ 体に綿を詰めたら、手縫いで頭とドッキングさせる。

⑥ 花嫁装飾：白ビーズを白ワイヤーに6粒通し根元を5mmほどねじる。透明ラインストーンも同様に通しヘッドアクセサリーを作る。根元で1cm位の輪を作り、その部分を頭に縫いつける。

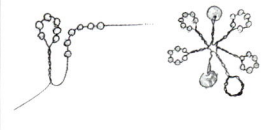

⑦ 花婿装飾：シルクハットは芯を貼ってから裁断し、手縫いで完成させる。待ち針にクリスタルビーズ3個を通して、シルクハットにハットピンとして刺す。

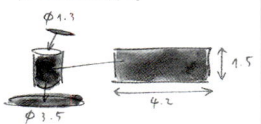

⑧ 蝶ネクタイを手縫いで完成させ、首の位置に縫い留める。

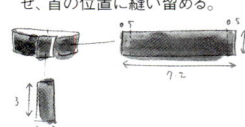

メッセージ入り ウエルカムドッグ
●P18

●材料（1コ分）
コットンコーデュロイ（茶とベージュ）、綿、刺繍糸、ビーズ付きリボン、スタンプ
合計 約1000円

作り方（記号は型紙にあり）

① P91の型紙に沿って裁断。胴側面に名前や日付をスタンプする。

② 耳外側と内側は返し口を残して縫う。表に返して縫い代を縫い留める。

③ 頭中央と鼻（AA'）を縫う。

④ 耳を頭側面と頭中央の耳つけ位置にはさみ、頭側面と③（BACD）を縫い反対側も同様に縫う。

⑤ 鼻と頭側面鼻下側（EBF）を続けて縫う。

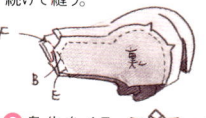

⑥ 鼻先をイラストのように折って縫う。

⑦ 頭側面とあご（GEG'）を縫う。

⑧ しっぽは中表に合わせ、返し口を残して縫い、表に返す。

⑨ 胴下側と前足内側（HI）、後ろ足内側（JK）を縫う。反対側も同様。

⑩ 胴側面のダーツを縫う。反対側も同様。

⑪ 胴側面と⑩（GHIJKL）を縫い合わせる。反対側も同様。

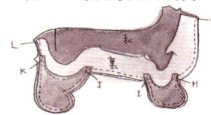

⑫ 胴下側の胸から返し口（MN）まで縫う。

⑬ 頭と胴（ODGMG'D'O'）を縫い合わせる。

⑭ しっぽを胴側面のしっぽつけ位置にはさんで、頭中央のダーツから背、おしり、胴下側の返し口（POLQ）まで続けて縫う。

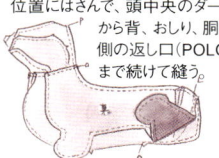

⑮ 返し口から表に返し、鼻先から綿を詰めて返し口を閉じる。

⑯ 花嫁にはリボンを首に巻く。花婿にはリボンで蝶ネクタイを作り、首に縫いつける。

冬の結婚式にぜひ マフラー飾りのベア
●P19

●材料（1コ分）
木綿の白布、インドシルク（ピンク&オレンジ）、糸（ピンク&オレンジ）、縫い糸（白）、パンヤ
合計 約2000円

作り方

① 木綿の布で胴・頭・足・外腕・内腕・耳をP92の型紙に沿って裁断。足の底とてのひらをピンク、オレンジの布でかたどる。

② 胴を合わせて鼻先から返し口まで中表に縫い、さらに頭を縫い合わせる。

③ 内側の腕とてのひらを縫い合わせ、さらに外側の腕を返し口まで中表に縫い合わせていく。

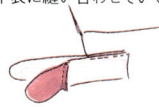

④ 足を2枚と足の底を中表に縫い、耳も2枚ずつ縫い合わせる。

⑤ それぞれを表に返して、返し口からパンヤを詰め、返し口はかがり縫いで閉じる。

⑥ 胴に耳と手足を縫いつける（手足は3カ所ほど留めて、動くようにしておこう）。

⑦ 手と足底に合わせた色の糸で鼻先を刺繍する。

⑧ 花嫁は頭にリボン状の布を縫いつけ、三角の筒状に縫った布を巻いてショールに。

⑨ 花婿は細長い筒状の布を首に結んでマフラーに。

＊お役立ちコラム＊
イニシャルや日付を入れて オリジナルに

自分で手作りしたウエディングアイテムは、世界でたった1つの自分だけのオリジナル。それだけでも十分価値があるけど、さらに挙式年月日やふたりの名前またはイニシャルをプラスすれば、オリジナル感が倍増する。しかも手作り感もアピールできて、記念になるのもいいね。
ウエルカムベアなら足の裏、リングピローはクッションに文字を刺しゅうしてみて。リングピローは目立たないように裏側に入れる手もあるけど、たとえばサムシングブルーにちなんでブルーの糸を使うなら、表側にアクセントとして刺しゅうするのもオシャレ。

How to Make
ウエルカムリース
****

文字を吊るして飾る ホワイトリース
●P20

●材料
リース土台（直径約35cm）、モヘアの毛糸2種類、生成りの毛糸（太さ2mm）、トレーシングペーパー、ドライフラワー（ヘリクリサム）、アイビー押し花、アクリル絵の具（白）、うすば紙、グルガン、カリグラフィー用のペン＆インク
合計　約4000円

●作り方
① リースの土台をアクリル絵の具で白く塗る。
② モヘアと毛糸をそれぞれ12目ずつの正方形のかのこ編みにする（モヘア4枚、毛糸3枚）。モヘアを鎖編みしてリースに下げるためのひもを作る（約15cm×3本）。
③ トレーシングペーパーを荷札のタグのような形にカット（9枚）。
④ トレーシングペーパーを「WELCOME」の文字の形に切り取る。
⑤ ③にアイビーと④の文字を貼り付け、穴を空けたら②のひもを通し、リースの上部からぶら下がるように結びつける。
⑥ ③にアイビーを貼ったり、名前や日付などを書き入れる。
⑦ リースに②とドライフラワー、うすば紙、⑥をバランスよくグルガンで貼り付けて完成。

白い羽を飾った 三日月形のリース
●P21

●材料
アートフォーム（円形）、文字セット、ビーズ、ワイヤー（太）、リードワイヤー、羽根（白2種）
合計　約3300円

●作り方
① 円形のアートフォームを三日月形に切る。
② ワイヤーの両サイドにボンドを塗り、三日月形の先端部分に挿して、全体を円形にする。そのワイヤー部分に、ビーズを通したワイヤーを巻きつける。 
③ リースのワイヤー部分と三日月形の部分にリードワイヤーをWELCOMEの文字幅より狭く、2本平行に渡して留め、文字を貼る。三日月部分に羽根2種を隙間のないように貼りこみ、ビーズをワイヤーに通してボール状にしたものをところどころに挿す。

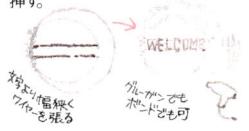

鳥カゴにグリーンを 飾るオブジェタイプ
●P22

●材料
鳥かご2万円（雑貨屋さんの市販品を購入）、アイビーなどのグリーン、オアシス、カップ＆ソーサー、メッセージカード、リボン
合計　約2万1500円

●作り方
① カップ＆ソーサーに、小さく切って水を含ませたオアシスを入れる。ここにグリーンをさして、鳥かごの中へ入れて飾る。
② Welcome! for our weddingと書いたカードにパンチで穴を開け、リボンでかごの正面に結びつける。

栗が季節感を演出 ナチュラルリース
●P23

●材料
市販のリース600円、飾りのイガ栗、ベイリーフ（料理用）、造花などの赤い実1本200円×5本、文字印刷用の紙、ラフィア、グルガン　合計　約4100円

●作り方
① リースに、好みの実をグルガンで貼って飾る。最初に大きなイガ栗を貼り、次にその間にベイリーフ、最後にいちばん小さな赤い実を間に貼る。
② Welcome for our wedding の文字をパソコンなどで紙に印刷。端にパンチで穴を開け、ラフィアでリースに結び付ける。

貝やサンゴを飾った ホワイトリース
●P23

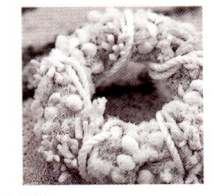

●材料
アートフォーム（円形）、モス（白）、貝、サンゴ、ロープ約3ｍ
合計約2万円

●作り方
① 円形のアートフォームにモスをグルーガンでつけ、ロープを巻きつける。
② 貝やサンゴを①の上にアトランダムに貼っていく。

2つのハートの ラブラブリース
●P23

●材料
ワイヤー（太）、モス（白）、リボン、ガラス（ブルー3色）
合計　約1万8000円

●作り方
① ワイヤー（太）を何重かにし、ハート形に曲げ土台を作る。それを大と小2種を作る。
② モスを①にボンドで貼り、大きい方はその上にガラスをボンドで貼っていく。リボンをつけて出来上がり。

＊お役立ちコラム＊

効率よく 手作りするには ダンドリが大切

何を手作りするか決めたら、作る前にまず作品のイメージを固めることが大切だ。どんな形にし、どんなものを飾るのか、色やサイズもこの段階で決めておこう。できれば作品のイメージを紙に描いておくと、後で迷うこともなく安心だ。

次に、作品に必要な材料をすべて揃える。ペーパーアイテムなら、試し刷りすることも考えて、紙は多めに買うのが正解。リングピローやポーチなどの縫い物は、まず布を買おう。そしてリボンやレースなどの飾りは、布に合わせて色や素材を選べば失敗がない。

いきなり作り始めると、途中で悩んだり、足りない材料を買いに行ったりで、意外とはかどらないことが多い。ダンドリよくスムーズに作業を進めて、効率よく手作りしよう。

ウエルカムリース

ウエディングポーチ

How to Make
ウエディングポーチ
* * * * * * *

巻きバラ飾りの スクエアのポーチ
●P24

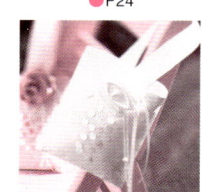

●材料
生成りのモアレ生地36cm×24.5cm①250円 白のテトロン(裏布)36cm×20cm⑤60円 接着芯(布厚手)36cm×24.5cm④ 50円 白のサテンリボン(バラ用)幅35mm×50cm⑧200円 生成りのサテンリボン(飾り用)幅5mm×70cm⑥70円 オーロラ白のメタルブレード(細)70cm②100円 1mm×20③100円 オーロラ生成りのプラスティックカットビーズ7mm玉1粒⑦20円
合計 850円

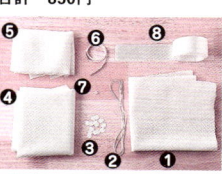

作り方

① モアレ生地と接着芯を、図のように袋用と把手用にハサミで切る。モアレ生地の裏にアイロンで接着芯を貼る。裏布も図のように切っておく。

② 把手は中表にして2つに折り、ミシンで縫う。表に返して、縫い目を中央にして、両端にミシンをかける。

③ 袋布は中表にして2つに折り、両端をミシンで縫って台形にする。裏布は返し口8cmを残し、同様に縫う。

④ 袋布(中表のまま)の中に、裏布を外側を表にして入れる。2枚の布の間に、外側を表にして把手をはさみ込む。このまま袋の口を1周縫って、把手を袋に固定する。

⑤ 裏布の返し口から袋を表に返して、ポーチの形に整える。アイロンを当ててシワを伸ばしておこう。

⑥ バラの花の飾りを作る。白のサテンリボン4cmを巻き、花の芯にする。続けてリボンを外側へ45度に折り、180度(半周)巻いたら、また外側へ同様に折る。次に、折り目が重ならないように90度(4分の1周)巻き、外側へ折り、これを繰り返す。最後は布端を内側へ折り込み、ボンドでとめる。花の根元を待ち針で仮止めしてから、糸で縫ってとめる。

⑦ 把手のつけ根にバラの飾り、幅5mmのリボン、カットビーズを通したメタルブレードを縫ってつける。花の下にスパンコール20コを好みの形にランダムに縫い付ければできあがり。

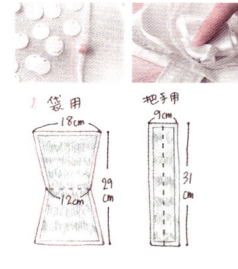

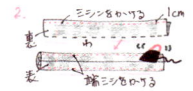

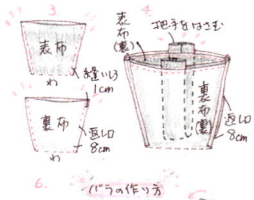

マーガレット風飾りの 透ける素材のポーチ
●P25

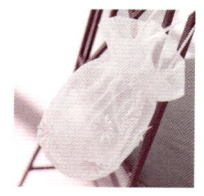

●材料
白のオーガンジー(ポリエステル)122×35cm①200円 花形のケミカルレース25cm(花8輪分)②1250円 白のブレード180cm(持ち手用)③200円 クリーム色の刺しゅう糸クリーム色の刺しゅう糸少々50円 手芸ボンド、ミシン糸
合計 1750円

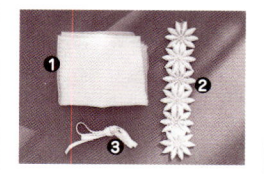

作り方

① オーガンジーを35×25cm×2枚(本体A)、直径16cmの円形×2枚(底B)に切る。Aの布端がほつれないように、ジグザグミシンか折ってミシンをかけて始末する。この2枚を中表に合わせて、図のようにヒモ通し口を残し、ミシンか手縫いでていねいに縫う。縫い代を割って、低温のアイロンをかける。袋の下の中央に、2枚とも合い印を入れておく。

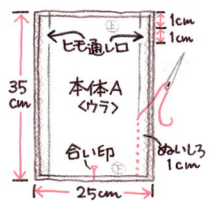

② B布2枚を重ねて、ズレないように端をボンドでとめる。円1周を四等分にして、4カ所に合い印を入れる。

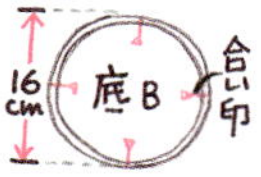

③ BとAの合い印を合わせながら待ち針で仮どめし、できればしつけをかける。ミシンか手縫いの返し縫いで、BとAを縫い合わせる。縫い代をジグザグミシンで一緒に始末する。

④ 袋を表に返したら、上部をヒモ通し口まで内側に折る。さらに、7cmのところでもう1度折る。折った布端とヒモ通し口をぐるりと1周ミシンで縫っていこう。

⑤ ケミカルレースは1花ずつ切り離し、バランスを見ながら袋にボンドで仮どめ。花の中央のクリームと同色の刺しゅう糸で、各花の下に茎風に3本でアウトラインステッチ刺しゅうする。花びらが浮くように、各花の中央だけこの花の中央だけこの糸で裏から縫いつける。

⑥ 持ち手用の白のブレードは90cm×2本に切っておく。これを1本ずつ通し口の両側から通して持ち手にする。端はていねいにリボン結びにして、ほどけないように結び目の上から縫ってとめれば、できあがり。

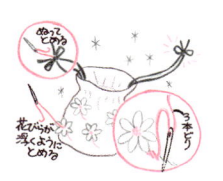

やさしいムードの コットンのポーチ
●P25

●材料
コットンレース生地32cm×32cm、シルクオーガンジー32cm×32cm、コットンリボン60cm×2本、ビーズの花輪12個(ない場合は5mmのクリアビーズ72粒)、クリアビーズ6mm×20〜25粒、六角クリアビーズ大200〜230粒
合計 約2300円

作り方

① コットンレースと裏地用のシルクオーガンジーを直径30cmの12角形に裁断する。

② ①を中表にし、一辺を残して縫い代1cmの位置を縫う。表に返して形を整え、残りの一辺をまつり縫いする。

③ リボンを通すビーズの花輪を12角形の角に縫いつける(花輪がない場合は、てぐすに5mmのクリアビーズを6個、2回通し、しっかり結んで花輪を作る)。

④ ③の花輪に60cmのリボンを通す。先にリボンを通した角の対角からもう1本を通し、先端は合わせて縫い留める。リボンの先端にクリアビーズをつけて飾る。

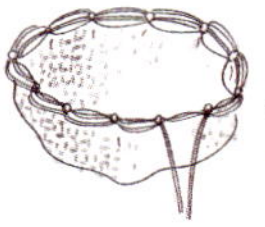

⑤ 12角形の縁に六角クリアビーズを縫いつけ、コットンレース全体には6mmクリアビーズと六角クリアビーズをアトランダムに縫いつけて完成。

カジュアルムードの白いフェルトバッグ
●P25

●材料
厚手のフエルト（オフ白）、刺繍糸（うすいシルバー）、グラスビーズ（スワロフスキー　クリア）21個、グリーン（ビバーナムとアイビー）　合計　約4000円

作り方
① 厚手のフエルトを幅3.2cm×14cmの長方形1枚と、下記のようなバッグ形2枚にカットし、手持ち部分を切りぬく。

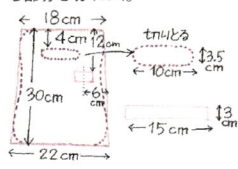

② ①の長方形のものを輪にして縫い合わせ、バッグ形の1枚の右側に縫い付ける。

③ ②とバッグ形のもう1枚を裏中にあわせ、上から約11cmを残してかがりあわせる。残りの部分は1枚ずつかがる。

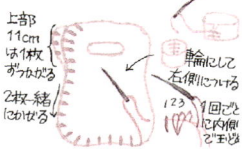

④ グラスビーズをボンドで貼り、アイビーとビバーナムを束ね、輪の中に挿す。

＊お役立ちコラム＊
ポーチは腕に掛けて持ち歩こう
ドレス姿にはブーケがつきものだけど、ではその時ポーチはどうすればいいのだろう。ポーチは片手に掛けてしまえば、ブーケの陰に隠れて目立たずに持ち歩ける。それも考えて、持ち手の長さを調整して作ろう。
せっかくの手作りポーチだから、できるだけ活躍させてあげたい。お色直しの時や二次会にもぜひ持参して。オシャレなポーチなら、ブーケ代わりに持つのも新鮮かも。

How to Make
ウエディングベール＆グローブ
****

花のモチーフが彩る可憐なマリアベール
●P26

●材料
オーガンジー（ポリエステル）幅122×122cm①850円　綿ケミカルオールオーバーレース幅92×20cm②4000円　小花レース（テープ状）60cm③90円　両面接着芯④50円　液体ほつれ止め（ピケ）⑤50円　ハサミ、アイロン
合計　5040円

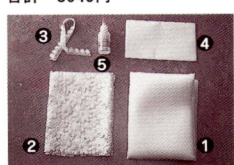

作り方
① 122cm四方のオーガンジーを図のように折り、端を花びらの形にハサミで切る。これを広げて、全体がきれいな花びらの形になるようにハサミで整えておく。

② 花びらの形になったオーガンジーの端に、液体ほつれ止めを塗っておく。このように塗った布地は、塗った部分が白くなってしまうので、少量ずつ塗ること。

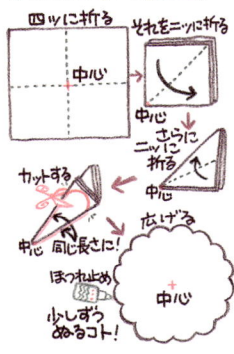

③ バランスを見ながら、オールオーバーレースの花を大中小と適当な固まりに分けて、糸端が残らないように切り離す。小花レースも同様に切り離しておこう。

④ 花の固まりと小花をバランスよく組み合わせて、オーガンジーの縁に貼っていく。両面接着芯を台紙ごと花の大きさに合わせて切り、まず先にレースの裏からアイロンで接着する。次に接着芯の台紙をはがして、オーガンジーの裏側からアイロンを当てて接着しよう。

巻きバラ飾りのエレガントグローブ
●P26

●材料
サテンの手袋①2800円　白のサテン布幅115×50cm②1250円　フリルつきサテンリボン幅5×約50cm③1000円　合計　5050円
※材料は、手袋や自分の手首回りに合わせた量を買おう

作り方
① フリルつきリボンは、グローブの手首回りより3〜5cm程度長めに切る。グローブの手首回りにフリルつきリボンを置いて、縫い目同士が重なるようにし、待ち針で仮どめする。フリルはところどころゆるみをもたせて長めに使うと、後ではめやすい。

② はめる時にサテン生地が自由に伸びて手が入るように、1カ所ずつで縫い目の下まで糸を通してフリルをとめる。最初と最後はフリルを1cm内側に折っておき、手の内側の中央から1.5cmずつ間隔で1カ所縫って次、1カ所縫って次と、1周とめていく。

③ サテン布を図のようにバイヤスに6本とる。それぞれ外表にして2つに折り、ぐし縫いし、縫い目の下5mm程度を残し余分な布を切る。糸を引いて20cm程度に縮め、端から少しずつ巻いて縫い、巻いて縫いしバラを6コ作る。花の根本をハサミでできるだけ切り落として、スッキリさせる。

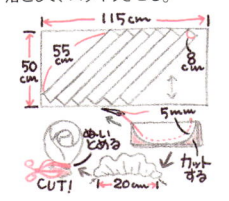

④ 手首の甲の中央に、フリルの縫い目に重ねるように巻きバラを置き、縦に縫い横に縫いと十字になるように何度か縫う。左右のバラを花が少し外へ向くように置いて同様にとめ、両手分作る。

パイピング飾りのオシャレベール
●P27

●材料
アイボリーポリエステルオーガンジー（122cm幅×122cm）850円　アイボリー合繊サテン布（92cm幅×1.5m）1200円　パール適宜200円　ヘアコーム　300円　生成ミシン糸、手芸用透明糸、接着芯、穴糸、厚紙　合計　2550円

作り方
① 61cm四方の紙で図のような型紙を作り、すそを丸くしてオーガンジーを切る。サテン布から12cm幅のバイアス4本を切り取る。図のように4本をつなげて縫い合わせ、縫い代をつぶして低温でアイロンをかけておく。

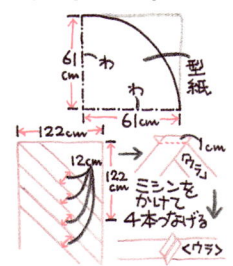

ウエディングベール＆グローブ

ウエディングベール＆グローブ

❷厚紙で10cm×30cmの台紙を作る。つなげたバイアスの両端各1cmを内側へ折り、台紙をくるんでアイロンをかける。さらに2つに折り、オーガンジーのすその丸い線に合わせて外側を伸ばすようにアイロンでカーブを作る。

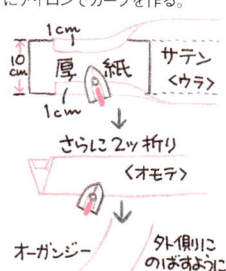

❸サテン布でオーガンジーのすそをはさみながら、縫い代約1cmでしつけ糸でとめてミシン縫いか手縫い（写真）。端は折り返してまつる。Aの④と同様にオーガンジーを2つに折り、中央をぐし縫いしコーム幅に縮める。

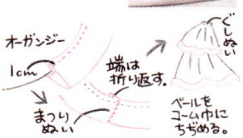

❹サテン布を12×90cm、12×10cmに切り、裏に接着芯を貼る。2本とも中表にし縫い代1cmでミシン縫い。縫い代をアイロンで割り表に返す。長いほうは両端を内側に折ってまつり、長さの半分に折り両端から22cmをミシン縫い。中央の短い筒でくるみ片側だけはつる。

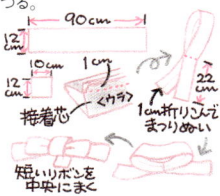

❺③の縫い縮めた部分に④のリボンを置き、短いほうの片側を裏側でまつり付ける。この上にAの⑤と同様にコームをつける。全体のバランスを見ながら、顔を覆う部分を除いて透明糸でパールを縫い付ける。

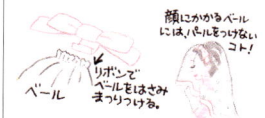

花のモチーフ飾りの クラシカルベール
●P27

●**材料**
アイボリーポリエステルオーガンジー（122cm幅×122cm）850円 チュールレース10cm380円 パイピング用コード5.2m780円 リボン用コード4m1000円 アイボリーのサテンリボン3cm幅×12cm30円 ヘアコーム300円 洋裁用両面熱接着テープ、手芸用ボンド
合計 3340円

作り方

❶オーガンジーを4つに折り、P93の型紙に合わせて切る。コードを図のようにすそのラインに沿って置き、しつけをかけてからミシン縫い。円にした部分の内側を裏からほつれ止めし、円の内側のオーガンジーを切り取る。

❷チュールレースからバラ2つ分×9コ、バラ1つ分×2コをきれいに切り離す。アイロンを使い、バラを図の位置に洋裁用両面熱接着テープで付ける。さらに細かい端はボンドで接着し、はがれ落ちないようにする。

❸ ②を1対2の割合で表側に折り中央をぐし縫いで縮め、サテンリボンで縫い代をくるみコーム上向きに付ける。図のようにコードを巻いてリボンを作る。コームを裏に返し、リボンを表のオーガンジー部分に縫い付けて完成。

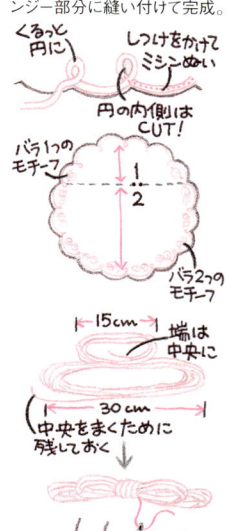

バラのレース飾りの ロマンチックベール
●P27

●**材料**
アイボリーポリエステルオーガンジー（122cm幅×122cm、巻きバラ用同色）940円 コード（らせんタイプ）4.5m 900円 モチーフレース（バラ小花×16コ）50cm250円 刺しゅう糸（アイボリー）1束100円 サテンリボン（アイボリー）3cm幅×12cm…30円 ヘアコーム300円 ほつれ止め、手芸用透明糸、手芸用ボンド、水で消えるチャコペン、穴糸
合計 2520円

作り方

❶オーガンジーを4つに折り、P93の型紙に合わせて切る。布端は液体のほつれ止めを塗るか、端ミシン。布端に沿って手芸用透明糸でコードをまつりつける。

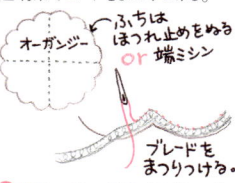

❷モチーフレースのバラを1つずつ切り離し、図の位置に手芸用ボンドで貼る。バラの両側にチャコペンで図案を下描きしてから、2本どり刺しゅう糸でアウトラインステッチで刺しゅうをしていく（写真）。

❸巻きバラ用オーガンジーを図のように3枚に切り、外表で2つに折って端をぐし縫いする。糸を引いて縮めた側をくるくる巻き、根元を糸でとめて巻きバラを3コ作る。

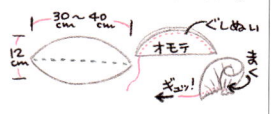

❹刺しゅうしたオーガンジーを1対2の割合で表側に折り、図のように中央40cmを穴糸でぐし縫い。コーム幅まで糸を引いて縮める。この上に巻きバラ3コを手前に向けて並べ（写真）、根元を縫い付ける。

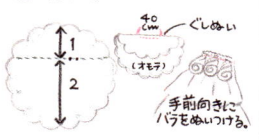

❺縫い縮めた部分をくるむようにサテンリボンを置いて、まち針で仮止め。両側をていねいにまつり縫いする。この上にコームを上向きに置いて、穴糸でまつり付ければ、できあがり。

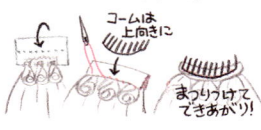

手がキレイに見える Vカットのグローブ
●P27

●**材料**
オーガンジーの手袋2500円 小花のモチーフレース約50cm 4800円　**合計7300円**

作り方

❶オーガンジーの手袋の甲部分に、図のように5cmぐらいハサミで切り込みを入れる。切り込みがV字になるように、待ち針をうちながら内側へ向けてていねいに3つ折りにしてから、白い糸でおさえるように縫う。

❷小花のモチーフレースは花びらを1つずつ切り取る。①の縫い目を隠すようにV字の部分に小花を並べて置き、全体のバランスを見る。ところどころ小花を半分に切って、つなぎにして入れていくと、うまくいく。

❸小花を待ち針で仮止め。手袋の内側から糸が表に出ないよう白い糸ですくうように花びらを1枚ずつ縫ってとめると仕上がりがキレイ。

How to Make
ティアラ&クラウン

プリンセス風 優美なティアラ
●P28

●材料
芯用のネット5×40cm①100円　白のリボン幅5cm×40cm⑪500円　白い布が巻いてあるワイヤー20番×40cm⑨50円　コーム小⑧150円　白のパール7mm玉⑤、5mm玉⑥、2mm玉各1袋※、3mm玉⑦2袋1300円　オフホワイトのパール7mm玉④、5mm玉③、3mm玉②、2mm玉各1袋1500円　ワイヤー26番×1本⑩10円　型紙用の白い薄紙、木工用ボンド、のり、カッターナイフ、グルガン、ピンセット、白のフローラルテープ、型紙(P92)
合計　3610円
※パールは1袋100〜200粒入り

作り方
① ネットに木工用ボンドでリボンを貼る。白い薄紙にティアラのデザインを描き、型紙(P92)を作り、ネット側にのりで貼る。型紙に沿ってカッターナイフで3枚一緒に切り抜く。カッターは刃を折って新しい刃を使うこと。

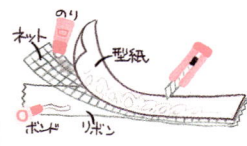

② 白いワイヤーはピンが入るよう両端を曲げてフックを作り、白のフローラルテープで留める。これを頭に合わせて曲げ、ティアラ底部分のリボン側にグルガンで接着する。ワイヤーに沿ってティアラもカーブをつける。

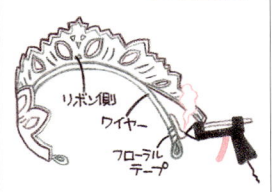

③ リボン側の中央下に、コームを下向きに縫い付ける。力がいるが、表側へ針を出して、しっかり縫う。

④ ティアラ底部分の長さにあわせて、ワイヤー26番に白のパール5mm玉を隙間がないように通す。パールが落ちないようにワイヤーの両端はねじる。これをティアラ表側下に直線になるように当て、ワイヤーごとグルガンで端から接着する。乾いたら、両端に出ているワイヤーは切っておこう。

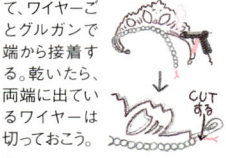

⑤ 図のようにティアラの表側にグルガンでパールをつけていく。ピンセットでパールの穴を持ち、グルガンをパール玉の4分の1程度つけて貼り、上から指でおすと、のりがなじむ。グルガンはすぐ乾くので、貼る位置を決めてから手早く貼ろう。先に大きなパールを貼り、その隙間に小さなパールで埋めるつもりで。最後に全体を指で押して動くパールがあれば貼り替える。

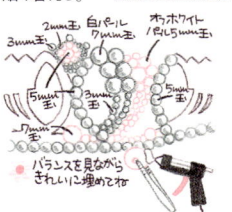

チョコンと飾りたい プチクラウン
●P28

●材料
芯用のネット5×40cm100円　白のリボン幅5cm×40cm500円　白い布が巻いてあるワイヤー20番×40cm50円　白のパール7mm、5mm、3mm、2mm玉各1袋1100円　オフホワイトのパール7mm、5mm、3mm、2mm玉各1袋1500円　オフホワイトの巻きバラ6コ720円　ワイヤー26番×1本10円　型紙用の白い薄紙、木工用ボンド、のり、カッターナイフ、グルガン、ピンセット、型紙(P93)
合計　3980円

作り方
① 白い薄紙にP93のクラウンのデザインを描いて、型紙を作る。型紙は片側だけ、輪にした時の重なり部分用として5mm程度多めにとる。

② 左のティアラの①の要領でクラウンの土台を作る。重なり部分5mmをグルガンで貼りクラウンの形にする。白いワイヤーはクラウンのカーブに合わせて曲げ底部分に1周グルガンで貼り最後は角が出ないように1cm重ねる。

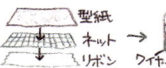

③ 左のティアラの⑤の要領でクラウンの表側にグルガンでパールを貼りつけていく。全体のバランスを見ながら、さらに巻きバラをグルガンで貼る。

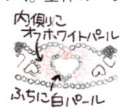

大小のパールが 豪華なティアラ
●P28

●材料
型紙(P93の型紙を使用)　サテン地(8cm×35cm)100円　芯地(8cm×35cm)50円　白のワイヤー(38cm)100円　パール　W=ホワイト　OW=オフホワイト　7mm玉W14コ、OW2コ　5mm玉W100コ OW50コ 3mm玉=W740コ OW360コ計1605円　コーム(1コ)150円　グルガン2400円
合計　4405円

作り方
① P93の型紙を141%に拡大コピー。型紙どおりに芯地とサテン地をカットし、グルガン(熱でプラスチックのりを溶かして接着する道具)で貼り合わせる。

② 下のイラストのように、ワイヤーの両端にピンを引っかけるための輪を作り、下の部分にグルガンでしっかりと接着。サテン地面にコームを縫いつける。

③ ワイヤーとコームを取り付けたら、自分の頭のカーブに合うように、ティアラを曲げる。

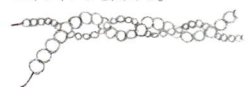

④ 次にひもが入った状態の5mm玉パール(ホワイト)と3mm玉パール(オフホワイト)を、上のイラストのようにねじったものを芯地側のワイヤーが見えないようにグルガンで接着する。

⑤ 型紙の所定の位置に、ポイントとなるパールを接着(パールはひもから外してバラした状態で使う)。大きいパールから始めて。

⑥ 芯地を隠すように3mm玉のホワイトパールを敷き詰める。広い部分はグルガンを2〜3mmの厚さに流してから、パールを接着しよう。細かい部分は上のイラストのようにピンセットでパールごとにグルガンをつける。

シンプルさも魅力 個性派ティアラ
●P29

●材料
ワイヤー(太、細)、ビーズ、花
合計　約7500円

作り方
① 太いワイヤーを約25cmと約84cmに切る。25cmを土台にし、もう一方のワイヤーの両サイドを5cm残し、6個の山ができるように巻きつける。土台のワイヤーを丸くなるように曲げる。

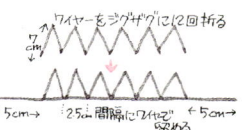

② 細いワイヤーにビーズを通し、①のワイヤー部分全部に巻きつける。最後に花をボンドで付ける。

ウエディングアクセサリー

ビーズ編みで作る カチューシャタイプ
● P29

●材料
パール8mm玉×10粒①20円
パール6mm玉×32粒②40円
パール4mm玉×40粒③30円
パール1.2mm×55粒④30円
チェコビーズ4.5mm玉×5粒⑥65円
ボヘミアンビーズ5コ⑦150円
テグス2号2m50cm⑤50円
カチューシャ⑧500円　強力ボンド、ハサミ　**合計　885円**

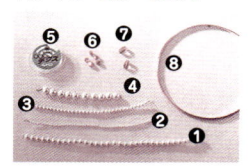

作り方
❶ テグスを1m50cmに切る。その真ん中を、カチューシャの真ん中より少しだけ左に、しっかりと結びつけておく。

❷ 図のようにテグスの両端に6mm玉のパールを通したら、テグスがゆるまないようにカチューシャの後ろでしっかり結んで固定する。同じように1回毎にカチューシャの後ろでテグスを結びながら、続けて図のようなパターンを3回編んでいく。

❸ 編み終わったらしっかり2回結び、余ったテグスは後ろのクロスしたテグスの間に2〜3cm戻すように差し込み、目立たないようにハサミで切る。

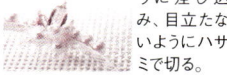

❹ 残りの1mのテグスを①の横にしっかり結びつけて、今度は反対側に向かって同じパターンを2回続けて編んで、最後は③の要領でとめる。

❺ 編んだパールの模様がカチューシャの左右の真ん中にくるように、指で押して位置を調整する。カチューシャの裏側のテグスにところどころ強力ボンドを塗り、動かないように固定する。編み終わりの部分もしっかりとめれば、できあがり。

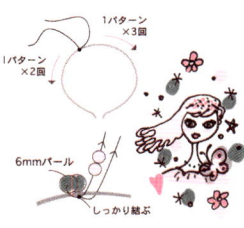

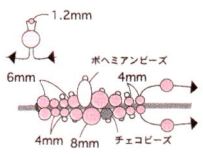

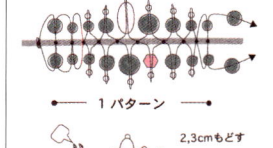

花の飾りいっぱいの 小ぶりサイズ
● P29

●材料
土台用ワイヤー（シルバー#20）50cm×2本、モチーフ用ワイヤー（シルバー#28）3m、オーロラまが玉ビーズ大20〜30粒、オーロラシードビーズ大10〜20粒、オーロラシードビーズ小約600粒、シルバーシードビーズ大40〜50粒、オーロラクリスタルビーズ4mm×12〜20粒　**合計　約2000円**

作り方
❶ 50cmのワイヤーを2本用意し、土台を作る。1本は底辺になる部分で、23cmの長さになるように両端の先端をまるめてぐるぐる巻きつける。もう1本はイラストのように山を3カ所作り、余ったワイヤーはカットする（底辺になるワイヤーに3カ所の山の位置をテープを貼って目安にしておくと作業しやすい）。

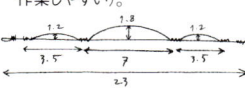

❷ モチーフ用のワイヤーにシードビーズ小を通して、イラストのようなお花のモチーフを3種類のサイズに作る（大3個：花びら1枚がビーズ15粒目安。中4個：ビーズ13粒目安。小5個：ビーズ10粒目安）。

❸ ②で作ったお花をモチーフ用ワイヤーで土台に巻きつけていく。巻いていく際に、オーロラまが玉ビーズ、オーロラシードビーズ、シルバーシードビーズ、オーロラクリスタルビーズをワイヤーに通しながら、ランダムに巻く。お花の中心にはオーロラクリスタルビーズを巻き形を整える。

How to Make アクセサリー＆ブーケ
＊＊＊＊＊＊＊

ホワイトパールの チョーカー
● P30

●材料
丸パール3.5mm玉260粒①350円　丸パール2mm玉72粒②300円　ネックレス専用糸3m③30円　クラスプ（とめ金具）、ダルマチップ2コ、丸カン2コのセット④400円　クラスプに飾る丸パール4mm玉1粒⑤10円　ヤットコ（ラジオペンチ）、手芸用ボンド、セロハンテープ、パール穴を通るビーズ針　**合計　1090円**

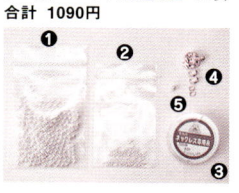

作り方
❶ パール穴を通る太さのビーズ針にネックレス専用糸を通す。パールを通す部分と別に糸を10cm程度残し、パールが抜け落ちないように糸端を3回コマ結びする。

❷ 図の順番で糸にパールを通していく。途中糸がたるんだり、パールの穴に糸がたまらないよう注意しよう。

❸ 残しておいた糸にダルマチップを通したら、中でパール2mm玉を通して結び、抜けないように固定する。パールを通し終わった糸もダルマチップに通して、中で2、3回しっかり結んで固定する。結び目には、ボンドをつけておこう。この糸を再びダルマチップの外へ出す。ダルマチップの中には、もう一方の糸端を入れ込んで、ヤットコを使ってダルマチップを閉じる。

❹ ③で外に出しておいた糸に、続けて図の順番でパールを通していく。最後は③の要領で、ダルマチップとパール2mm玉を通して固定する。ダルマチップの中に糸端を入れ込み、ヤットコを使いダルマチップを閉じる。

❺ クラスプ（とめ金具）本体にパール4mmをボンドで接着する。クラスプの穴に片方のダルマチップの金具を通して、ペンチで閉じる。差し込むほうのクラスプの穴に、もう一方のダルマチップの金具を通して閉じれば、できあがり。

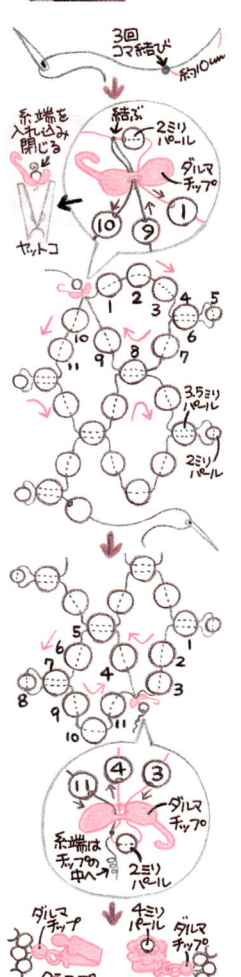

ウエディングアクセサリー

十字架・花の飾りのチョーカー
●P30

●材料
花の形は丸パール10mm玉1粒、5mm玉9〜13粒80円（十字架の場合、丸パール5mm玉13粒で12円になります）　ゴールドのダルマチップ12円　ゴールドのつなぎの丸カン5円　ゴールドのバチカン（チョーカー用パーツ）75円　太さ#31〜28ぐらいのワイヤー20cm5円　生成りブレード幅1cm×1m300円サテンリボン幅1cm×1m200円　ヤットコ（ラジオペンチ）、接着芯　合計　677円

作り方
❶ワイヤー（ここでは太さ#30を使用）を20cmに切る。このワイヤーに図の順番でパールを通して、花の形、あるいは十字架の形に整える。

❷続けて糸をダルマチップに通して、中で2本の糸端をねじってとめ、抜けないように注意しながら糸を丸める。糸を中に入れ込んで、ヤットコを使いダルマチップを閉じる。ダルマチップの金具とバチカンを丸カンでつなぐ。

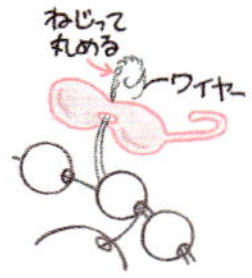

❸アイロン両面接着芯で、ブレードとリボンを外表に接着したら、ペンダントヘッドを通す。

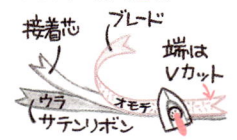

大小のパールを散りばめたネックレス
●P31

●材料
白のパール3mm玉60粒ぐらい①150円　白のパール5mm玉55粒ぐらい②250円　白のパール7mm玉35粒ぐらい③300円　白のパール10mm玉10粒ぐらい④500円　テグス2号×4m⑤100円　カツラ（中が筒状の金具）2コ⑧200円　Cカン（丸カンでも）3コ⑨50円　アジャスター1本⑥400円　引き輪（とめ金具）1コ⑦100円　木工用ボンド即乾タイプ、つまようじ、クリップ2コ、ラジオペンチ　合計　2050円

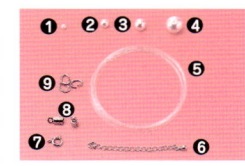

作り方
❶テグスを39、42、45、48、51、54、57cmと3cmずつ長く7本に切る。丸まるのを防ぐため下におもりをつけて2〜3日吊るして伸ばす。3mm玉のパールは一度待ち針に通して穴に詰まったカスをとる。

❷39cmのテグスの片端を丸まらないようにクリップでおさえて、端から4cm開けてパールをつけ始める。まずパールをつける位置を決めて、つまようじの先で木工用ボンドを少量つけたら、パールを移動。さわらなければ動かない。パールは8mm〜3cmぐらい不規則に間隔を開けて、3mm玉を中心に大小が散らばるように並べる。10mm玉は続けない。

❸❷を続けて、最後もテグスの端から4cm以上間隔をあけて終わる。これを繰り返して、7本のテグスにパールをつけたら、そのまま一晩おいて完全に乾かす。

❹7本の端を揃えて並べ形を整えたら、7本一緒に両端をクリップでおさえる。金具のカツラの筒の中につまようじでボンドをたっぷり詰めて、端をまとめて中へ入れて接着。もう一方の端も同様に処理して、一晩乾かす。

❺ラジオペンチでCカンを縦にずらすように開く。強度が落ちるので横に広げないこと。ネックレスの片端はCカンをつなぎにしアジャスターをつけて、Cカンを縦にズラし閉じる。もう一方はCカン2コをつないで、引き輪をつけて閉じる。

楽しく作れるヘアピンアクセサリー
●P31

●材料
デコワイヤー#25、ネジピン（U字形）、パール各種、テグス2号、ラジオペンチ、木工用ボンド即乾タイプ、つまようじ

作り方
Ⓐ バラの飾り
ネジピンを開いてまっすぐにしバラ形パールを真ん中へ通して、両手で端を持ちU字に戻す。もしピンの長さが揃わなければラジオペンチで切り揃えよう。※Ⓑはハート形のパールを通す。

Ⓒ コンペイトウ形の飾り
30cmのデコワイヤーにパール5mm玉を10〜15粒通して輪にし、下をねじる。ぐちゃぐちゃと好みの形にまとめたらネジピンにのせ、ワイヤーの1本は手前から向こうへ、もう1本は向こうから手前へ巻き固定。間を開けずにピッチリ巻く。ワイヤーの切り口はラジオペンチでおさえてつぶす。※Ⓓはハート形のパール6粒を通して輪にする。

Ⓔ 花びら形の飾り
20cmのデコワイヤーにパール5mm玉を通し、玉を持ちねじって固定。続けてパール2mm玉を12粒程度通したら輪にしてねじってとめる。さらに3mm玉を12粒通して同様に輪にするのを繰り返し、輪5コを作る。Ⓒの要領で残りワイヤーでピンに固定する。※Ⓕは中央は3mm玉、花びら部分はハート形パール1粒×4回でクローバー形を作る。

Ⓖ ひょうたん形の飾り
30cmのデコワイヤーに7mm玉を通し、周囲を1周するよう2mm玉13粒程度を通す。最初の2mm玉と7mm玉の間にワイヤーをくぐらせ固定。続けて2mm玉6粒を通してねじり上の輪を作る。ワイヤーをまっすぐ下へおろしもう一方と絡める。Ⓒの要領でピンにとめる。

Ⓗ ネックレスとお揃いの飾り
テグス10cmの中央に左のネックレスの②の要領でパール3mm玉、5mm玉、7mm玉をつけて輪にし端1cm残し切る。ピンにのせてデコワイヤーで端が5mm隠れるまで巻く。この上に残りの端を折り返し、デコワイヤーで巻く。

お役立ちコラム
花嫁の小物はドレスのテイストに合わせて

ベール、グローブ、ティアラ、アクセサリーなどの花嫁の小物は、ドレス姿の時に身につけるもの。いずれも手軽に手作りすることができるけど、ドレスを引き立てる意味でも、ドレスのイメージやテイストに合わせて作ることが大切だ。たとえばキュートな雰囲気のドレスならキュートに、ゴージャスなドレスには、小物もゴージャスなイメージのほうが映えるはず。

色もドレスの色に合わせてコーディネートしよう。白いドレスに、小物がアイボリーだとちぐはぐに見えてしまうので気をつけて。

ラブリーピンクの ハート形ブーケ
●P32

●材料
造花のステファノーチス(仕上げ用)2本① 900円　造花のチャイブ(ピンク)10本②5500円　造花のバラ(ピンク7本、クリーム色2本)③3150円　造花のデルフィニウム12本④3000円　ワイヤー24番1束⑤ 350円　リボンピンク幅25mm×5m⑥2500円　厚さ2.5cmのドライオアシス18×19cm⑦700円　紙巻きワイヤー(持ち手用)⑧650円　フローラルテープ(緑)1巻⑨400円　フローラルテープ(白・持ち手用) 400円　グルガン(十芯3本)2640円　きれいな模様の紙(和紙などでも)、カッターナイフ
合計 2万190円

作り方

❶ カッターナイフでドライオアシス(発泡スチロールで代用も)をザクザクとハート形に切る。紙巻きワイヤーは中央で2つに折り曲げ、持ちやすいようにカーブをつけて2カ所を24番ワイヤーで巻いてとめる。上から白のフローラルテープを巻いておく。

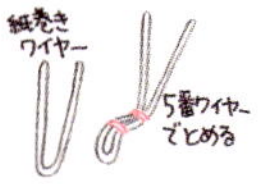

❷ ハート形に合わせて紙巻きワイヤーを広げて、グルガンをつけてオアシスに深さ3mm程度まで埋め込む。乾いたら、この溝を埋めるようにグルガンをたっぷり塗り、完全に接着させる。

❸ 模様の紙を土台のハート形より全体に1cm大きく切る。模様の紙の持ち手部分をカッターで切り、穴から持ち手を通したら

グルガンで裏面に貼る。余りの1cm分はサイドの形に沿って貼り、土台は完成。

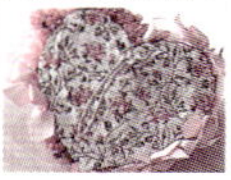

❹ オアシスの正面に花を差す。5〜6cmの長さに切った花の下にグルガンをつけ、オアシスに差す。最初はハートの下部分から差し始めて慣れよう。鏡を用意し、鏡でバランスを見て花の位置を決めて差す。オアシスは1度差すと穴があくので差し直しはしないこと。

❺ 次にオアシスの側面は、横向きに花を差す。正面の花の量を見て、側面に花を差すと形が壊れそうなら、長さ25cm程度のリボンをチョウ結びにしてグルガンで貼り、オアシスを隠す。最後に側面と正面の間のヘリに斜め向きに花を差す。ここも必要ならリボンを貼る。

❻ ステファノーチスは花の下2cmのところで切る。図のように花の根元に24番ワイヤーを巻いてとめ、上からフローラルテープを巻き補強する。全体のバランスを見ながら適当に差し込んで仕上げる。

●ブートニアの作り方
⑥の要領で、長さ20cm程度の24番ワイヤーでステファノースの花12輪とバラ1輪を補強する。ステファノースをV字に並べ、中央にバラを入れてハート形に組み、茎の一部をフローラルテープで巻き固定。リボンを広げて中央に花束を置き、固定用に茎の左右にグルガンをつけ、チョウ結びにする。

赤いミニバラの バッグブーケ
●P32

●材料
ドライフラワーのバラ40g①2000円　ドライフラワーのライスフラワー1/2束②500円　山ゴケ10g⑤180円　ドライブリック(スポンジ状の台) 1ブロック④500円　端にワイヤー入りピンクの幅広リボン幅6.5cm×1m80cm③1000円　グリーンの薄紙20cm×15cm⑥20円　カッターナイフ、グルガン　合計 4200円

作り方

❶ P93の型紙をドライブリックに置いて型紙を写す。ドライブリックの厚さは周囲に巻くリボンの幅(ここでは6.5cm)に揃えて、線に沿ってカッターナイフでザクザク切る。不足分は継ぎ足して、ネコの顔の形の土台を作る。

❷ グリーンの薄紙に型紙を置き形を写し、線に沿って切る。ドライブリックの片面(裏になる)にグルガンをつけ、シワが寄らないように薄紙を貼りつける。

❸ もう一方の表面にバラをさす。バラは茎を長さ1cmに切りピンク、先にグルガンをつけて垂直にさし込む。ネコの耳の上から始めて、一番上の段は左右各バラ2コ、2段目は各3コ、3段目は各3〜4コを横一列に並ぶようにさす。4段目以降は端から順にさし全体を埋める。小粒の花は避け、粒を揃えよう。

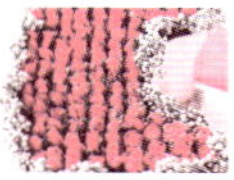

❹ 裏面の周囲の辺に2〜3cmずつグルガンをつけたら、その上に山ゴケをのせて辺を隠すように貼る。これを繰り返して1周貼っていく。次に表面も同様に山ゴケを貼る。

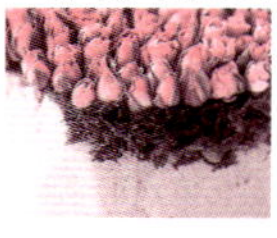

❺ ライスフラワーは1房ずつに切る。茎の先にグルガンをつけて、バラをさした表面の山ゴケの上に、白い花が少し前に出るように1周貼っていく。

❻ リボンは左右のネコの耳の先から1〜2cm外へ出る長さに切る。ドライブリックにグルガンをつけて、❺の白い花の茎を隠すように貼り、余りは切る。

❼ リボンを65cm程度に切って、バッグの底を中心に側面にグルガンをつけてU字に貼る。バッグの上でリボンの両端を重ねて、糸で手前から向こうへ、向こうから手前へと縫って幅を絞りとめる。75cmに切ったリボンを写真のように屏風だたみにし、上にヒダを寄せてリボンの形に整える。この中央を、8cmに切って幅の三ツ折りにしたリボンでくるりと巻いて、持ち手に縫いつけてとめる。

＊お役立ちコラム＊
司会者に「手作り」を紹介してもらおう

せっかく手作りしたのに、ゲストが気づいてくれなかったというのでは悲しい。自分で作ったアイテムは、何度も司会者に「花嫁の手作りです」と紹介してもらうことが大切だ。

披露宴ではゲストは隣の人とおしゃべりしたり、お料理に夢中だったり、意外と司会者の声が耳に入らないもの。1度言うぐらいではほとんどが聞き逃してしまうと考えて、機会あるごとに言ってもらうぐらいでちょうどいい。しかもキレイに仕上がったアイテムほど、そのままでは手作りに見えないのも事実。司会者に言ってもらい、プロフィールなどのペーパーアイテムにも「○○はふたりの手作りです」と書き添えて、たっぷり手作りをアピールしちゃおう。

ブーケ

Part 2
テーブルの演出小物 & ペーパーアイテム

- テーブルフラワー
- ナプキンリング
- 席札 ● 席次表
- 招待状&メニュー表etc.
- ゲストブック

A

作り方は65ページ

テーブル札立ても兼ねるテーブルフラワーは席札立てのミニ鉢とペアで置いてもオシャレ

テーブルフラワー

テーブルフラワー

ゲストのテーブルを飾るテーブルフラワー。
カジュアルなパーティや小人数の結婚式なら、思い切って手作りして
オシャレな雰囲気も演出してみては?
ゲストの目に触れる時間が長いので、手作りをたっぷりアピールできるかも。

大ぶりのリボン飾りと
愛らしい小花は
カジュアルムードの
パーティテーブルに似合う

● 作り方は65ページ

ワインのコルク栓や
チェックのリボン飾りが
レストランウエディングに
ピッタリ

● 作り方は66ページ

テーブルフラワー

ゲストのイメージに合わせた色選びも喜ばれそうな
ナプキンリングの席札

● 作り方は66ページ

ナプキンリング

ナプ**キ**ンリング

披露宴で席についたら、必ず手にするのがナプキン。
ナプキンをとめるリングは、
ちょっとしたアイデアや工夫で
手軽にオシャレな雰囲気を演出できる要チェックのアイテム。
手間はかけずに、知恵を働かせて工夫してみよう。

いろんな色や形の
ボタンをあしらった
楽しいナプキンリングに
席札も添えて
●作り方は66ページ

ウエルカムの
言葉を添えた席札を
ビーズのチェーンで
とめて大人のムードに
●作り方は66ページ

ナプキンリング

クリスマスオーナメントに
アイビーを効かせた
キラキラ光る
ナプキンリング
●作り方は66ページ

たっぷりの
グリーンをまとめた
ナチュラルな花束は
席札を添えて立てて飾って

● 作り方は66ページ

席札

席札

ゲストの名前を書いた席札は、
気軽に作れるとあって、手作りする人が多い人気のアイテム。
ここでは、ユニークなアイデアが光る置き方や
飾り方にも工夫を凝らした楽しい席札を集めてみたヨ。
ふたりのセンスを発揮して、手作りしちゃおう！

ウエルカムチョコの
ブラウンもアクセント
紙の使い方にセンスが光る
アイデア席札
●作り方は66ページ

自分の名前を見つけた
ゲストが思わず微笑む
キュートな
席次ボード&芳名帳
●作り方は67ページ

席札

小枝をまとめた
レース風リボンが効いてる
ハート形の席札付き
カトラリーレスト
●作り方は67ページ

席次表

少人数の
ウエディングなら
遊び心がキラリと光る
立体の席次表はいかがが？
作り方は67ページ

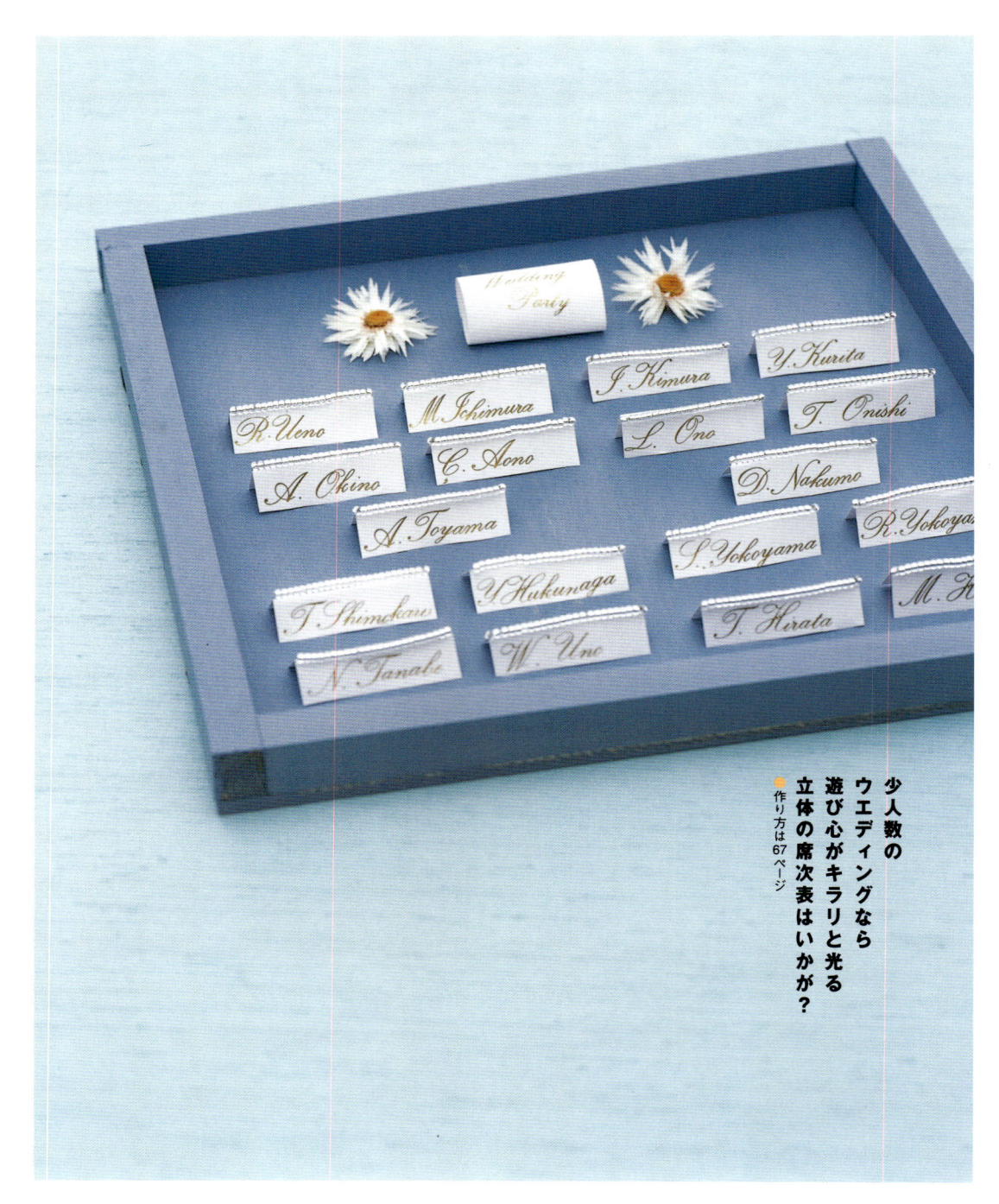

席次表

席次表といえば、紙に印刷したものが定番。
でも、少人数の披露宴やカジュアルなパーティなら、
立体にしたり、オブジェ風に仕上げれば
きっとゲストの話題になるはず。
楽しいアイデアを生かしたキュートな席次表をご紹介しよう。

海が好きなふたりなら
サンゴで飾ったツリーに
貝がらに名前を付けた
席札をピンナップして
● 作り方は67ページ

テーブル名を
花の名前にしたら
席次表は生花も飾って
立体オブジェ風に演出
● 作り方は68ページ

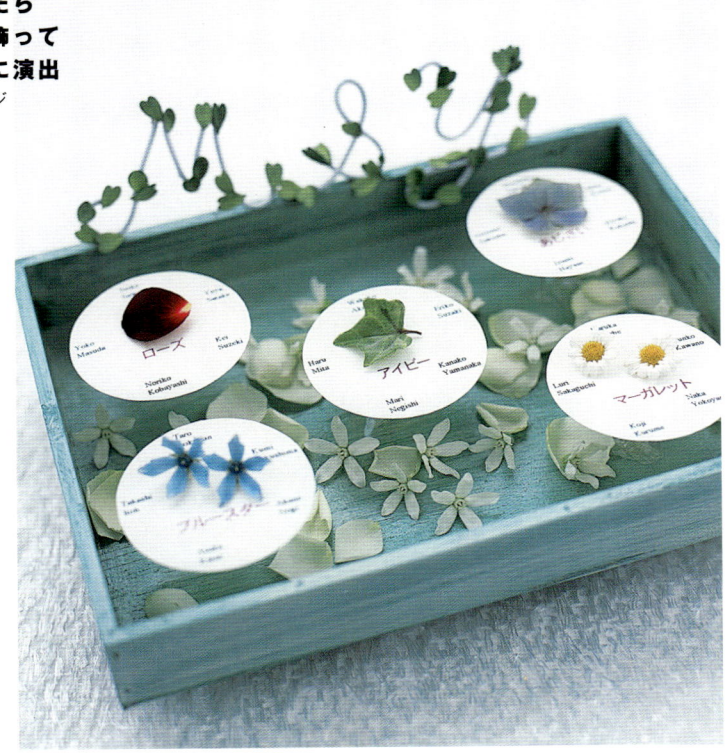

席次表

オーガンジーの小窓から透けて見える文字が新鮮 ビーズやレースの飾りが可憐な招待状

● 作り方は68ページ

招待状＆メニュー表etc.

招待状は、ゲストに最初に結婚式を知らせるもの。結婚式の
イメージを左右するので、色や素材のほか、形も慎重に選びたい。
メニュー表は、料理がサーブされるたびに見る人も多く、注目度が高い
アイテム。オシャレに仕上げてステキな結婚式を印象づけよう。
他のアイテムとメニュー表をひとまとめにして作ってもステキ。

定番のメニュー表も
透明ケースにセットし
羽をプラスすれば
格調高くオシャレに変身

●作り方は68ページ

メニュー表を
2枚のお皿でサンドイッチ
アクセントに
つまめるチョコを添えて

●作り方は68ページ

招待状＆メニュー表etc.

招待状&メニュー表etc.

やさしい色合いと
シンプルな飾りの招待状で
オシャレな結婚式を
印象づけて
● 作り方は68ページ

ナチュラルな木の質感にビーズとヒモのシックな色が絶妙にマッチカジュアルな招待状

● 作り方は69ページ

招待状＆メニュー表 etc.

サムシングブルーとペアのハトが幸せを運んでくれるシンプルな招待状

● 作り方は69ページ

プチギフトやメッセージ付きひとつで4役こなすハート形のロマンチック席次表＆メニュー表

● 作り方は69ページ

光沢があるインドシルクのゲストブックで受付でも手作りをアピール
● 作り方は69ページ

ゲストブック

ゲストブック

受付に置いて、ゲストが住所と名前を記帳する
ゲストブックは、結婚式の思い出の品として、後々まで残る
メモリアルアイテム。工作感覚で手作りできるので、
彼と一緒に作っても楽しいかも？
内側にはさむ紙は、好みのものを選んで、
適当なサイズに切ってセットしよう。

How to Make
天使の羽
★★★★★★

●材料
白い羽(マラボウ)15g 2100円
薄ピンクの羽(マラボウ)7.5g 1050円　白の自由自在針金(ビニールが巻かれたワイヤー)80cm 100円　白い木綿布(厚め)3×2cm×6枚 50円
白いダンボール(または厚紙)、木工用ボンド、綿棒
合計　　3300円

●作り方

❶ ダンボールは荷造用なら折り目のない部分を使い、型紙(P93)通りに切って土台にする。なお茶色のダンボールも、白い紙を裏表の全面に貼れば使える。

❷ 3×2cmの白い布を図のように中央を6mm程度あけて、細かい縫い目で土台に縫い付けて、ワイヤーを通しを作る。白いワイヤーを土台の形に合わせて曲げながら、ここに通す。余りはくるくる曲げてからペンチで切る。ワイヤーの長さはつける人に合わせて調整しよう。

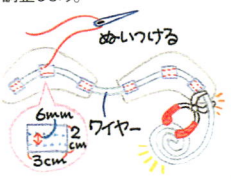

❸ ワイヤーのない土台の表面に、羽の付け根に綿棒で木工用ボンドを少しつけ、土台の先端から1枚ずつ貼る。土台より羽の先がはみ出るようにし、先に貼った羽に半分ぐらい重なるようにして次を貼るとキレイ。幅の中心から放射状に順に貼っていき、ところどころピンクの羽も入れよう。

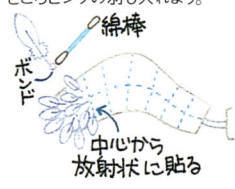

❹ ワイヤーのある裏面も同様にワイヤー隠すように羽を貼って全体を埋める。両面とも羽が少ない部分には、追加で羽を差し込むように貼ろう。最後に羽の先をハサミで少し切って形を整えれば、できあがり。

天使の羽

ふわふわの天使の羽を
白いドレスにプラスして
キュートな
エンジェルに変身！

●付け方
たとえばリュック状のヒモをつけたり、土台に垂直に板をつけて背中に差し込む、ドレスに縫い付けるなど、ドレスに合わせて付け方を考えてみてね。ワイヤー入りで自由に曲げられるので、好みの形にしよう。

幸せになる4つのおまじない
花嫁の Something Four

サムシング・フォー

「サムシングフォー」とは、イギリスが発祥で、欧米に古くから伝わるステキな言い伝え。結婚式の当日に、花嫁が「サムシングブルー(青いもの)」、「サムシングニュー(新しいもの)」、「サムシングオールド(古いもの)」、「サムシングバロウ(借りたもの)」の4つを身につけていると、幸せが訪れるというおまじないのことだ。
　欧米ではサムシングフォーは、家族の歴史や愛情、そして友情も伝えてくれるステキなアイテムでもある。だから欧米の花嫁たちは、ドレスと同じくらいサムシングフォーのアイテム選びにもこだわるそう。結婚式当日に、そんな周囲の愛情に包まれたものを身につけて愛を誓えば、確かに幸せいっぱいの花嫁になれそうだよね。「新しいもの」や「青いもの」なら手作りで取り入れやすいので、ぜひトライして！

Something Blue
ブルーは、花嫁の純潔を象徴する色。ブーケに、ブルーの小花をあしらうのもステキ。 

Something New
これからの新生活の象徴。メイクや出番を待つ間にくつろげるルームシューズはいかが？ 

Something Old
家から受け継ぐ伝統や富の象徴。母愛用の手鏡やブラシや、アンティークでも。

Something Borrow
家族や友人などの隣人愛の象徴。幸せの涙をぬぐうのは幸せな人から借りたハンカチで。

How to Make
テーブルフラワー
✶✶✶✶✶✶

持ち帰れるのも魅力 席札立てのミニ鉢
●P50

●材料（1コ分）
植木鉢直径6×高さ6cm①60円　ドライブリック5×5cm②60円　ドライフラワーのフリチェラローズ1こ③140円　アイスランドモス少なめの一握り④50円　Uピン（緑のワイヤー#22で作る）4こ⑤10円　アルミワイヤー太さ2mm×20cm 50円　グルガン、カッターナイフ、ラジオペンチ
合計 370円

作り方

① ドライブリック（スポンジ状の土台）はカッターナイフで植木鉢より一回り小さく切って、面取りする。植木鉢の内側の側面にグルガンを塗り、ドライブリックを入れて鉢に固定。

② 緑のワイヤーを6cmに切って、両端を親指と人指し指で持ってギュッとU字に曲げて、Uピンを4こ作る。ドライブリックの上にアイスランドモスを敷き詰めて、Uピンで4カ所押さえる。

③ フリチェラローズの茎を3cm程度残して切り落とす。茎の先にグルガンをつけて、モスの上からドライブリックにさしこむ。一度さすと穴があくので、やり直しはしないこと。

④ 約20cmに切ったワイヤーの端をラジオペンチでつかんで丸め、その後は手で丸めて直径約1.5cmの渦巻きを作る。続けてワイヤーを後ろにずらし段をつけてから小さな渦を作り、ワイヤーを下へ7cmおろして切る。これを鉢の端にさし込む。2つの渦の間に席札をはさみこもう。

テーブル札立ても兼ねる卓上花
●P50

●材料
植木鉢直径12×高さ12cm 140円　ドライブリック10×14cm 500円　造花のラナンキュラス1本①200円　造花の黄色のアリストロメリア2本④1080円　造花の姫リンゴ・ミニ洋梨あわせて3こ⑦570円　ドライフラワーの黄色のヘリクリサム1束②800円　ドライフラワーのライスフラワー25g③500円　造花のミニブドウ4こ⑥560円　造花のナチュラルポトス1本⑤260円　緑のワイヤー#20×5cm 15円　白いワイヤー太さ3.2mm×30cm 40円　カッターナイフ、ラジオペンチ、グルガン　合計 4665円

作り方

① ドライブリックはカッターナイフで植木鉢より3cm高く切って鉢に入れる。ラナンキュラスを高さ12cmに切り、茎の先にグルガンをつけて中央にさす。これを高さの基準にし、全体がドーム形になるように花を入れる。花をさす時は茎の先にグルガンをつけて、ドライブリックの中心へ向かってさそう。アリストロメリア4輪は12cmに切って四方にさし、アウトラインを作る。残りのアリストロメリアの花とつぼみをさし、隙間を埋める。

② 姫リンゴとミニ洋ナシは、グルガンをつけた緑のワイヤーを下からさしこむ。高さ12cmにして計3こ作って、花の間にさす。

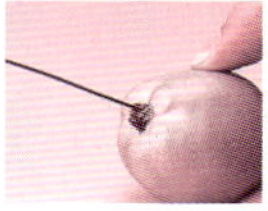

③ ヘリクリサム、ライスフラワーもそれぞれ高さ12cmに切って先にグルガンをつけてから、何カ所かさしていく。ドライブリックが見えないように花の隙間を埋めてドーム形にまとめよう。

④ ミニブドウ4こは、緑のワイヤーを茎の穴に入れて2つに折って、2本をまとめて2、3回ねじってとめる。ワイヤーの先にグルガンをつけてから、鉢の横にたれ下がるように、四方にさし込んで飾る。

⑤ ナチュラルポトスは高さ15cmに切る。茎の先にグルガンをつけて、ドーム形より少し高くなるように、10カ所ぐらいにさして、動きを出す。

⑥ 白いワイヤーを30cmに切って、上の4の要領で渦巻きを2こ作り、高さ約20cmの札たてにする。全体のバランスを見て鉢にさしこみ、2つの渦の間にテーブル札をはさみこむ。

大きなリボン飾りのテーブルフラワー
●P51

●材料
ドライリング（ドーナツ状オアシス）直径20cm 760円　スプリンググリーンのアイスランドモス50g 625円　プチフラワー9こ270円　アイボリーのサテン布幅90×40cm 250円　パール6mm玉×30粒90円　ゴールドの玉8mm×6こ30円　ゴールドの玉12mm×6こ30円　キャンドル12×12×高さ7cm以上900円　ワイヤー22番、厚紙（台用）、グルガン、めうち
合計 2955円

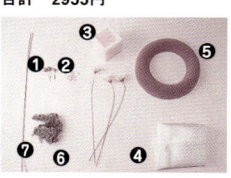

作り方

① 直径20cmの円形に切った厚紙にグルガンを塗る。この上にドライリングをのせて接着し、台をつける。

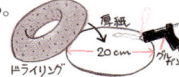

② ワイヤー5本を3cmの長さに切り揃える。この中心を左手で押さえたら、右手の親指と人指し指を使ってワイヤーの両端をぐっと曲げてUピンを作っておく。

③ アイスランドモスは混じっている黒っぽいゴミを取り除き、キレイにする。モスは天地を見て茎を下にしてドライリングが隠れるように置き、上からUピンで留める。ドライリング表面はキレイなモスで飾り、リング内側は、残りのモスを飾る。

④ サテン布は図のように各6枚に切る。返し口を残して縫い代1cmで1周ミシン縫い。角は返し縫いで補強。

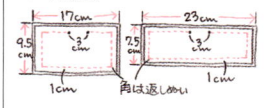

⑤ キレイに角を出すために、角の端布をハサミで切り落として、縫い代に沿ってアイロンを当てておく。返し口から表に返したら、めうちで角を出そう。

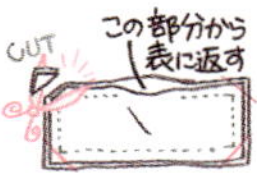

⑥ 大きい布はひだが3本できるように、真ん中を待ち針で仮どめする。小さい布はひだが2本できるように、図のように屏風だたみにして、裏側から両方を縫い合わせる。最後は、外側からピンが通るように縫う。

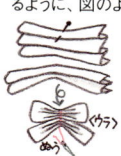

⑦ 糸を通した針をリボンの上から刺し、パール10粒を通して、パールがリボンを1周するように縫い留める。これと同じ要領でリボンを3組作る。

⑧ ワイヤーを10cm×3本カットし、②の要領で長いUピンを作る。リボン裏側に長いUピンを通したら、リボンを立てるように、モスの上から3カ所に飾る。

⑨ リボンの間に茎を2cmに切ったプチフラワー3輪、ゴールドの玉大小各2こをさし込む。キャンドルを高くするなら下に台を置いて。

テーブルフラワー・ナプキンリング・席札

ワインコルクの
テーブルフラワー
● P51

● 材料
ドライリング（ドーナツ状オアシス）直径20cm 760円　スプリンググリーンのアイスランドモス50g 625円　SAデージー 270円　ビリーボタン8コ720円　小麦9本（飾り用）100円　オレンジ2コ（飾り用）240円　リボン幅12mm×112cm 250円　ワイヤー18番（コルク用）1本70円　ワイヤー22番（モス用Uピンとリボン用）5本10円　ワイヤー26番（SAデージーとオレンジ用）3本10円　キャンドル700円　ワインコルク4コ、グルガン　合計 3755円

● 作り方
① P65のテーブルフラワーの①〜③の要領でモスでドライリングを覆う。図のように各材料を切り、色や形のバランスを見ながらUピンやワイヤーで固定して飾りつけよう。

＊お役立ちコラム＊
飾りは
とれないように
しっかり付ける

結婚式は何かと縁起をかつぐもの。しかも結婚式当日はふたりは気分が高まり、とても緊張している。そんなときに、身につけているものの飾りがポロッと落ちたりするのは、あまり気分がいいことじゃない。
そこで、手作りする段階で、ボタンや飾りなどは、とれないようにしっかり縫い付ける、接着することを心掛けて。もしボンドで貼るだけでは不安なら、手間はかかるけど縫えるものは縫い付けたほうが安心だ。

How to Make
ナプキンリング
＊＊＊＊＊＊
色選びが楽しい
ナプキンリング席札
● P52

● 材料（1コ分）
ラフィア、文字印刷用の紙ほか
合計　約50円

● 作り方
紙に名前を印刷し、パンチで穴を開ける。穴にラフィアを通して、丸めてナプキンに結びお皿の上にセット。

ボタン飾りの席札付き
ナプキンリング
● P53

● 材料（1コ分）
ビーズアクセサリー用ゴム糸、ボタン（白系の大小いろいろなもの）、ビーズ（クリア）、ペーパー
合計　約500円

● 作り方
① 約20cmに切ったゴムひもにボタンをアトランダムに通し、両サイド約6cmを残して結ぶ。
② 片方にビーズを、もう片方にビーズ、ボタン、ゲストの名前を印刷（手書き）したペーパーを通し結ぶ。ナプキンは好きな色をゲストの人数分購入しよう。

アイビーを添えた
キラキラ光るリング
● P53

● 材料
ボール状の銀のクリスマスオーナメント、ビーズリボン、アイビー
合計　約3400円

● 作り方
60cmのビーズリボンの両端にオーナメントを結びつけ、そこにアイビーをボンドで貼る。それを筒状に巻いたナプキンに巻きつける。

ビーズチェーンで
席札をとめたリング
● P53

● 材料（5コ分）
ペーパー、ビーズ、てぐす糸、レタリングシート、サテンリボン（グレー）、ハーブ、両面テープ
合計　約700円

● 作り方
① リボンの太さよりも1まわり細くペーパーをカットし、レタリングシートで名前やWelcomeの文字を入れる。
② ①の名前が入ったペーパーの右側、Welcomeの文字が入ったペーパーの左側にそれぞれビーズを通す穴を空ける。リボンにもビーズを通すための切り込みを入れておく。
③ 両面テープで②の名前が入ったペーパーをリボンの中心に貼る。
④ ①とWelcomeのペーパーにビーズを通し、ナプキンに巻いて結び留める。好みのハーブをテープで留めて爽やかな印象に。

＊お役立ちコラム＊
ゲストの名前は
誤字・脱字に
くれぐれもご用心

ペーパーアイテムや席札など、文字を印刷したり手書きにするなら、文字の間違いに注意しよう。特にゲストの名前が違っているのは、たいへん失礼になるので気をつけて。文字入力の際はもちろん、必ずテスト印刷して漢字の間違いやヌケがないか、念入りに何度も確認することが大切。
意外と失敗が多いのが親族の名前。間違いを防ぐために、ふたりで確認し、さらに両親にもチェックしてもらうのがオススメ。

How to Make
席札
＊＊＊＊＊＊
素朴な席札を添えた
ナチュラルな花束
● P54

● 材料（1コ分）
リョウブ（白い花）、野バラの実、メラリョウカ、麻ヒモ、印刷用の紙　合計　約2800円

● 作り方
① 3種類の草花は、少し斜めにしながら束ねる。茎を麻ヒモでぐるぐる巻いてしっかり縛ってとめる。

OK　　NG

② 紙に名前を印刷するか手書きにし、端に穴を開けて麻ヒモを通して、茎に結びつける。これを皿の上に立たせる。

Emika s.

紙は ナチュラルな 色が 素敵

チョコの色も効果的
アイデア席札
● P55

● 材料（1コ分）
ペーパー（黄緑、クリーム、白）、リボン、レタリングシート（ゴールド）、両面テープ、生チョコ、ハーブ
合計　約200円

● 作り方
① 各色のペーパーをイラストのサイズにカットする。

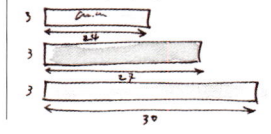

❷輪にしたとき一番内側にくるペーパーの中心、やや上の位置にレタリングシートでネームを入れる。

❸1枚ずつ輪を作り、両面テープで留める。2枚もしくは3枚を重ねて、穴あけパンチでリボンを通す穴を空ける。

❹2枚もしくは3枚を合わせてリボンを通し、リボン結びをする。リボンの結び目に好みのハーブを挿し込んだらできあがり。

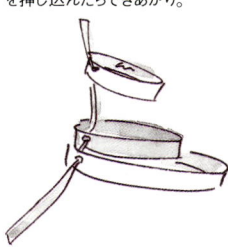

ハートの席札付きカトラリーレスト
●P55

●材料
木の枝、レースリボン、ベニヤ板、スタンプ、ラフィア　合計約2900円

作り方
❶木の枝を約8cmにカットし、数本をまとめ、両サイドをレースリボンで結ぶ。

❷ベニヤ板をハート形にはさみで切り、ゲストの名前をスタンプで押す。そこに穴を開け、ラフィアを通して枝に結びつける。

自分の名前はどこ？席次ボード＆芳名帳
●P55

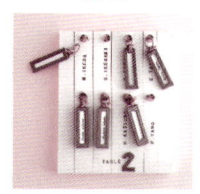

●材料
板、板目紙、スタンプ、ボタン8個、布(グリーン)、両面テープ、麻ひも、アクリル絵の具(白)、木工ボンド　合計約5300円

作り方
❶板をカットする(縦26cm×横21cmを1枚。縦26cm×横3cmを7枚)。ベースの板に細くカットした板を貼り付け、アクリル絵の具を塗る。

❷上下4カ所ずつ、麻ひもを小さく結んで板に貼り付け、その上からボタンを貼る。ボタンの位置に席次表となる名前をスタンプする。

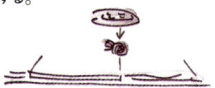

❸板目紙を名前を書くカードが入るようにカットし、両面テープでそれぞれ板を貼った後、上下をくっつけるために左右、3mmを両面テープで貼り合わせる。

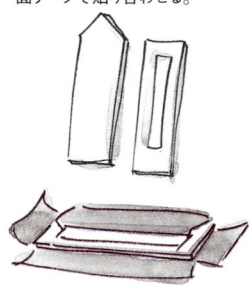

❹❸に穴を空け、麻ひもを通してボタンに下げられるように輪を作る。

How to Make
席次表
＊＊＊＊＊＊＊

少人数なら作りたいユニークな立体席札
●P56

●材料
土台の板300円、角材200円、クラフト用の水性ペンキのブルー、文字印刷用の紙、ミニビーズ、ビーズ用ワイヤー、ドライフラワーの花2輪　木工用ボンド、セロハンテープ　合計約2000円

作り方
❶幅1.5cmの角材は28.5cm×4本に切って、30×30の板に木工用ボンドで貼り、ケースを作る。

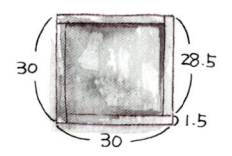

❷5×3cmの紙に招待客の名前をパソコン印刷し、2つに折って席札を作る。ワイヤーにミニビーズを5cm通して、席札の上に乗せて裏面でねじって固定し、セロハンテープで押さえる。

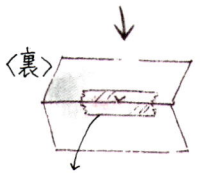

❸ビーズつきの席札をケースに並べ、木工用ボンドで接着する。Wedding Partyの文字を印刷した紙を筒状にし、上の中央に貼る。その両側にドライフラワーを貼る。受付に飾ろう。

サンゴのツリーに貝がらの席札を飾って
●P57

●材料
白ワイヤー(太)、貝、モス(白)、サンゴ、ビーズリボン、ビーズ、ペーパー　合計約1万8000円

作り方
❶ワイヤーを下の図のように折り曲げ、ツリーの形を作る。幹部分は4m、上の枝部分は2m、下の枝部分は2.5mのワイヤーを使って。

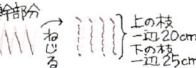

❷❶にモスを白ワイヤーで巻きつけながらとめていく。その上へ部分的にサンゴやビーズをボンドでつけていく。

❸貝殻に貼れる大きさにペーパーをカットし、ゲストの名前を書きこみ、貝の表面に貼る。

❹適度な長さのビーズリボンを貝の裏面にボンドで貼り、ツリーにかける。少し大きめにカットしたペーパーにテーブル名を書き、ツリーのトップにボンドでつける。

＊お役立ちコラム＊
自由な発想とアイデアで楽しく手作り

席次表や席札は、紙に印刷するものって思ってない？上のように席次表も席札も平面の紙ではなく、オブジェ風の立体にしてもOK。同じようにリングピローも、布を縫ったクッション型じゃなくてもいい。指輪を置く場所さえあれば、ワイヤーボックスに花を詰めてもいいし、指輪を吊るすような立体で作ってもかまわない。

手作りだからこそ、自由な発想で、ふたりのアイデアを生かしてこれまでにない斬新な形の作品を作ってみよう。それこそ、ふたりの個性をアピールする絶好のチャンスだ。

席札・席次表

席次表・招待状＆メニュー表etc.

飾った生花が香る オブジェ風の席次表
●P57

●材料
木のボックス（20cm×25cm×深さ4cm）、生花、席次カード、白ワイヤー（太）、フェイクの葉、ペンキ（グリーン、白）、まち針
合計　約7400円

作り方
① 木のボックスを白とグリーンを混ぜたペンキで塗り乾かす。
② 紙に席次を印刷し、直径8cmの円形に切る。中央にまち針をさして箱に刺す。その上に花や花びらをボンドでつけ固定する。
③ 白のワイヤーを曲げて、ふたりのイニシャルのアルファベットを作り、フェイクの葉をボンドでつけていく。それを箱にボンドでつけ、箱の中に白の花や花びらを散らす。

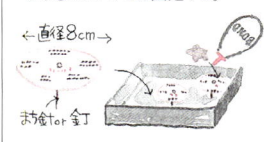

＊お役立ちコラム＊
基本テクニックの組み合わせでオリジナルに

ペーパーアイテムを手作りするなら、飾り方で差をつけよう。基本テクニックとしては、スタンプを押す、シールを貼る、波形などに切れるハサミで切る、花や星などの形に型抜きできるパンチを使う、造花やボタンなどを飾りとして貼るなどの方法がある。
　いずれも市販の材料や道具の種類が豊富なので、好みで選ぼう。さらに2つ、3つを組み合わせることで、カンタンに自分だけのオリジナルが作れちゃうから、ぜひ試してみて。

How to Make 招待状＆メニュー表etc.
＊＊＊＊＊＊＊

オーガンジーの透ける小窓つき招待状
●P58

●材料（1枚分）
カード、中紙、封筒、5cm幅以上のオーガンジーリボン、レースドイリー、ドロップ形ビーズ、ビーズの留め金具、ドイリーの中央に使用するビーズ、ひも、スティックのり、グルガン、ペンチ
合計約500円

作り方
① カードを開いて、4.3cm×4.3cmの窓枠にカットし、裏からスティックのりでオーガンジーリボンを貼る。
② ①の窓枠に位置するように注意しながら、中紙に「Wedding Invitation」の文字を印字する。
③ ビーズの留め金具の留め部分を下にしてドロップ形のビーズをはめる。金具の先端をペンチで丸め、ひもを通す。
④ カードの表面にドイリーやビーズをグルガンで留める。
⑤ 中紙とカードをビーズを通したひもで2周巻いて結んだら完成。

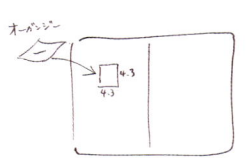

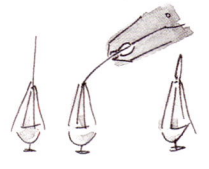

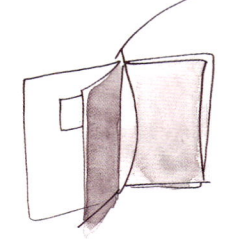

透明ケース入り羽を添えたメニュー表
●P59

●材料（1コ分）
アクリル板20cm×25cm×2枚、ペーパー、羽根、厚手の両面テープ　合計 約700円

作り方
① アクリル板の上に印刷もしくは手書きしたメニューと羽根を置く。
② ①のアクリル板の4辺に両面テープを貼り、もう1枚のアクリル板を重ねて貼りあわせる。

透明なお皿にはさむアイデアメニュー表
●P59

●材料（1コ分）
ブルーの紙、白い紙1枚ほか
合計　約100円

作り方
① ブルーの紙はお皿に合わせて（ここでは17×11cm）に切る。中央にメニューを印刷した紙をボンドで貼り、両端を押さえるように幅7mmのサテンのリボンで貼り、裏で留める。
② 7mmのサテンのリボンを図のように折って、①の上に置く。幅18mmの白いリボンにMENUの文字をスタンプまたは手書きにし、上に貼る。
③ 上は透明なお皿にし、お皿2枚の間にメニューをはさむ。アクセントにお皿の上にクッキーなどつまめるお菓子を添える。

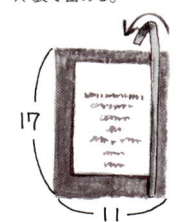

やさしい色合いのシンプルな招待状
●P60

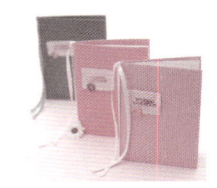

●材料（1コ分）
リップルボード、ストレッチリボン、中にはさむ紙、木綿の布、輸入ボタン200円、スタンプ、スタンプインク
合計　約450円

作り方
① リップルボードは17×13cmに切る。挨拶状を印刷した紙を中にはさみ、長さ80cmのリボンを上に通して外で結んで固定する。
② 5×3cmぐらいの布にWedding Invitationのスタンプを押す。輸入ボタンを布に縫い付け、布をボンドで表に貼る。

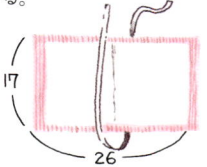

木の質感が印象的カジュアルな招待状
●P61

●材料（上）
薄い板（ダークブラウン、ナチュラル）、ヒモ（赤、グリーン）、ビーズ（赤、グリーン）各約45cm、ステンシルインク　合計約300円

作り方
① 薄い板を10×10cmにカッターで切り、2枚ずつ用意する。1枚の1辺にグルガンを塗り、もう1枚を重ねて貼りあわせる。貼り合わせた部分が左側にくるようにし、RECEPTIONの文字と日付けをステンシルインクを使ってスタンプを押す。

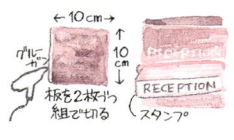

② ヒモに同色のビーズを通し、ビーズが落ちないよう両サイドに結び目をつくる。それを板と板の間に通し、上部で結ぶ。

●材料（下）
木の板、ステンシル用インク（ベージュ）、直径9mmのボタン（白、ベージュ、グリーン、赤）計10個　合計　約500円

作り方
① 木の板にRECEPTION、WEDDING PARTY、名前、日付けをステンシルインクをつけたスタンプで押す。

② ボタンをRECEPTIONの文字の下に同じ色が続かないように貼る。

ペアの鳩が幸せを運んでくれる招待状
●P61

●材料（1枚分）
型紙（P90）A4サイズの厚めの用紙、封筒、リボン　合計約100円

作り方
① A4サイズの用紙右側2カ所に、招待状の内容を印字する。その際、ハトの形の中に文字が収まるように不要な用紙で試しながら文字の位置を決める。

② ①の文字が印字された面を内側にして2枚に折り、折り目がハトのくちばしにくるように型紙（P90）を置いてカット（A4サイズで2枚作れる）。

③ 好みのリボンを首に結んでできあがり。

4役こなすハートの席次表&メニュー表
●P61

●材料（1コ分）
ペーパー（白、グリーン3色）、割ピン、四葉のクローバーの種、押花（マーガレット）、シフォンリボン　合計　約3800円

作り方
① 4色のペーパーをすべて同じ大きさのハート形に切り、ハートの右上に押花をボンドで貼る。

② ハート形の中に収まるように、リボンを袋状に縫うかボンドで留め、中に四葉のクローバーの種を入れる。

③ ①にⅠゲストの名前、Ⅱメッセージ、Ⅲメニューをスタンプで押すか手書きする。それを下から②、Ⅲ、Ⅱ、Ⅰの順に重ね、ハートの尖った部分から約1cmのところに穴を開けて割りピンで留める。

How to Make
ゲストブック

インドシルクのゲストブック
●P62

●材料
シャンパンゴールドのインドシルク58×30cm①1460円　厚さ1mmのボール紙54×18cm40円　裏表紙用ベージュの紙54×17cm　②30円　白のブレード58cm③60円　ワイヤー#28・16cm×6本⑤20円　パール直径6mm玉×13粒⑥20円　台紙用の画用紙52×16cm×4枚　140円　ロープ幅4mm×80cm②160円　シャンパンゴールドのタッセル1房④120円　液体のり、木工用ボンド、ペンチ、ハサミ、めうち、へら、強力ボンド　合計　1050円

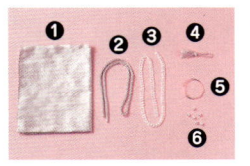

作り方
① インドシルクの布は58×21cmに切って、アイロンでシワを伸ばす。ボール紙は26×18cm×2枚（表紙用）、26×2cm×1枚（背表紙用）に切る。ボール紙に液体のりを塗って、のり面を上にして、図のように並べる。この上に表を上にして布をのせて、シワにならないように貼る。

② 表紙の上から7.5cmのところに横一直線にボンドでブレードを貼る。布の四隅をハサミで切ってボール紙面を上にし、上下の余った布を液体のりで貼る。次に左右の余った布を貼る。布端を隠すように裏表紙用の紙を液体のりで貼る。先が丸いへらで背表紙部分の溝を何回か押してなぞり、溝をつける。穴が開かないようにやさしくていねいに。裏返して、布面の上からも同様に溝をつける。

③ 16cmにカットしたワイヤーに直径6mmの白いパール1粒を通して、ワイヤーの真ん中まで移動させる。パールを中心にしてワイヤーをU字に曲げたら、両手でパールを持ってねじってパールを固定して、飾りの花の芯にする。以上を繰り返して、花の芯を6本分作っておく。

④ インドシルクの残りの布は、花びら用に直径7cmと直径5cmの円形×各2枚、茎用に5mm×10cm×2枚に切る。花びら用の布は、手の中でもんで、くしゃくしゃにして、中央にめうちで穴を開ける。大を下にして、大小の花びらを重ねて、中央をボンドで貼る。花びらの穴に③の花の芯3本を一緒に通したら、花の下を少し絞って3本のワイヤーで巻く。この上から、ボンドをつけながら茎用の布をくるくる巻いて、長さ6cm程度でペンチで切って花を2つ作る。

⑤ 完成した花2つと残りのパール7粒は、強力ボンドで表紙に貼って飾る。名前を書く台紙用の画用紙は、2つ折りにして内側にセットする。この上からタッセルを通したロープを結んで押さえれば、できあがり。

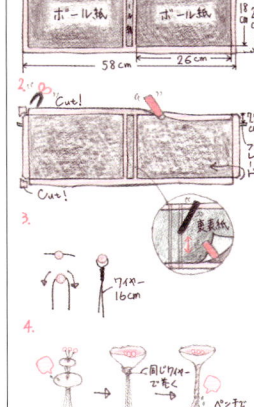

※色違いのゲストブックは、布とブレードをゴールドに変えて作ってみよう。

※置き方も工夫して!※

ゲストブックの1頁目には「Welcome to our Wedding Reception」とカリグラフィー風に書いて、ふたりの写真と名前を添えて、受付に置いてみては？　受付のステキなアクセントになるし、オシャレな雰囲気でお客様を迎えられそうだね。

招待状&メニュー表etc..ゲストブック

材料と道具の基礎知識

ウエディングアイテム作りは、布を縫う裁縫あり、工作感覚のものあり、作り方もさまざま。でも材料や道具を上手に使えば、意外と簡単に作れることは多いもの。そこで、手作りの際によく登場する材料やパーツ、あると役立つ道具をご紹介。これを参考にラクしてステキな作品を作っちゃお!

材料&道具

材料の説明

リングピローなどでよく使う手芸材料、アクセサリーパーツ、手軽に使えてセンスよく見える飾りも集めてみた

オーガンジー

やわらかい手触りの透ける布。透ける質感を生かして単独で使うほか、他の色布と組み合わせてもオシャレだ。ウエディングではおなじみの白のほかにも、色のバリエーションは豊富。

リボン各種

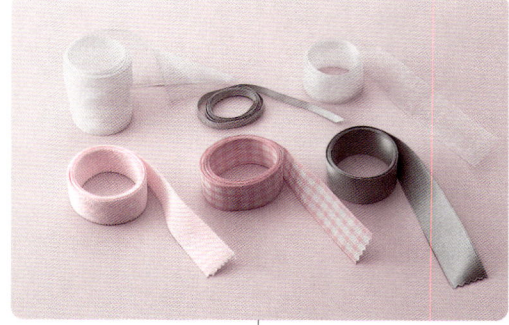

手作りで何かアクセントがほしい時などに、ちょこっと使えてオシャレ見えるのがリボン。困ったときに頼りになる助っ人的な材料だ。いろいろな素材のリボンがあり、中でも光沢のあるサテン、透ける布のシフォンなどはよく見かける。
色の種類も豊富。ウエディングでよく使われるのは、サムシングブルーにちなんだブルー、そしてキュートなイメージのピンク。もちろんテーマカラーのリボンを選び、トータルコーディネートするのもオシャレ。このほかにもギンガムチェックなどの柄物もあるので、好みで使い分けを。幅も細いものから太いものまで、バリエーション豊富に揃う。使い方に合わせて選べるのも便利だ。
リングピローなら、飾りも兼ねたリング掛けにするのは定番。ポーチの持ち手としてヒモ代わりにも使える。リボン結びにしてペーパーアイテムに貼って飾ったり、ブーケの隙間を埋めるのもアイデア。ウエーブを描くようにウエルカムボードの周りに飾りつけるなど、さまざまな使い方ができて何かと重宝だ。

ブレード

そもそもの意味は組紐、飾りヒモで、編んだり組み込んだりしたヒモのこと。平ら、波型、袋状もあり、洋裁ではスカートの裾や上着の前端に縫い付けたりする。リングピローなどの飾りに使える。

サテン

表面に光沢がある布。高級感があり、ウエディングドレスにもよく使われる。最高級品はシルクで高価だが、手頃な値段のポリエステルでもシルクに見えるものがあり、高級感があるうえ扱いもラク。

コード

そもそもはナワの意味で、ブレードに比べて飾りが少ないシンプルなヒモ。丸みがあり、見た目は細いロープといった感じ。ポーチやバッグの把手にしたり、ウエルカムボードなどの飾りにしても。

モアレ布

表面に木目のような模様がある布。高価だが、高級感があり、しっかりしている。ポーチやゲストブックの表紙に使ってもステキ。ウエディングでは定番の白のほか、ピンクやブルーもよく使われる。

レース・その1

リングピローの飾りとしておなじみ。素材は透けるシフォンなどもあり、ドレスに合わせて選ぶとステキ。写真のタイプはヒダが寄せてあるので、縫い付けるだけでフリル感のある仕上がりになる。

レース・その2

写真の幅広タイプは透けるチュール布に刺しゅうしたチュールレース。豪華でエレガントな雰囲気を演出できる。もう一方はケミカルレースで、重厚でクラシカルな雰囲気。いずれも高級感たっぷり。

✽モチーフレース✽

小片のモチーフがつながっているレース。必要な分だけ切り離して、飾りとして使うことが多い。お店によっては「レーステープ」とか「レースブレード」と表示していることもある。

✽パールビーズ✽

ウエディングにふさわしい気品があるパール。中央に穴が開いたパールビーズは、ヒモに通したり、直接縫い付けたりと便利に使える。サイズは、5mm玉のように粒の直径で表示される。

✽造花の飾り✽

ラッピングなどの飾り用として市販されている造花。ペーパーアイテムやプチギフトなどのアクセントにしたり、リングピローの飾りにもなる。ふたりのアイデアを生かして、あれこれ活用してみて。

✽ラフィア✽

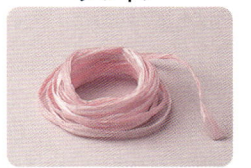

ナチュラルな雰囲気のヒモ。色の種類も豊富でラッピングに使うとオシャレ。広げてリボンのように使うこともできる。ペーパーアイテムの飾りにしたり、プチギフトのラッピングでも大活躍しそう。

✽タッセル✽

カーテン止めの飾りとして良く見かけるものだけど、小さなものはリングピローの四隅に飾ったりすることも多い。意外と高価だし、色の種類も少なめなので、コードをほどいて手作りするのも手。

✽ボタン✽

とにかく種類が多い。かわいらしい形や色のボタンを飾りに使ってみよう。オシャレな輸入モノなどは利用価値大。リングピローのリング掛けにしたり、ペーパーアイテムに貼って飾るのも新鮮。

✽シール(洋風)✽

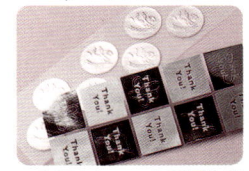

市販のシールは種類も豊富。たとえばウエディングらしい天使のモチーフは、席札やサンキューカードに貼ってキュートなアクセントに。サンキューの文字シールも、活躍の場面が多そう。

✽トレーシングペーパー✽

半透明の紙で、色も豊富。他の紙に重ねて使うと、透ける感じがオシャレ。ペーパーアイテムを作る際、表紙の紙がザラザラで印刷に向かなければ、この紙に文字を印刷してはさめば解決できる。

✽接着芯✽

コシがない布の裏側に貼って補強すると、しっかりとしたハリが出る。片面にのりがついていて、アイロンを当てて布の裏面に熱で接着するものが一般的。厚手、薄手があるので必要に応じて選ぼう。

✽羽✽

飾るだけでふわふわ感ややわらかさが出るし、オシャレに見える便利アイテム。いろいろなものに使ってみて。白だけでなく、ピンクなど淡い色も混ぜると雰囲気が出る。天使を連想させる点もグー。

✽シール(和風)✽

和風のペーパーアイテムを作るなら、シールも和風タイプを選んでみては？ 花びらや桜のモチーフのシールなどは、キュートな雰囲気をプラスするのにピッタリ。寿などの文字シールも重宝。

✽フラワーワイヤー✽

生花やドライフラワー、造花を束ねたり、補強したりする時に使う花用のワイヤー。色は白、茎に巻いても目立たない緑色もある。太さもいろいろあるので、使い方に応じて選ぼう。

✽ビーズ✽

アクセサリーのパーツとしてだけでなく、いろんなアイテムの飾りに使える。素材はプラスチックのほか、輝きがキレイなガラス製も。形は丸、だ円、花、葉なども。カットの有無、色、サイズも豊富。

✽テグス✽

ビーズを使ったアクセサリーを作る際、ビーズを通すのに使う透明なナイロンのヒモ。号数が大きくなるほど、太くなる。ビーズの穴に合わせて太さを選んで。カラータイプもあり色を生かして使う。

✽インスタントレタリング✽

通称の「インレタ」のほうがピンとくるかも。上からこすって文字を転写するシート。書体の種類も多いから、オシャレな書体を選ぼう。印刷するよりも手軽で、遊びながら楽しく使えるのもうれしい。

✽ドライブリック✽

ドライフラワーをアレンジする時に使う土台。スポンジ状になっていて、一度花をさすと穴があいてしまうため、さし直しはしないこと。カッターナイフでザクザク切ることができる。

材料＆道具

材料＆道具

道具の説明

ウエディングアイテムを手作りする時によく使う道具、あれば重宝なスグレモノの道具をご紹介

✱ほつれどめ液✱

ほつれやすい布を切った後、布端のほつれを防ぐために塗る液。チュールなど透明な布は縫い目が目立つので、この液を塗って処理したほうが仕上がりもキレイ。ベールを作る際などに活躍する。

✱中綿（手芸用わた）✱

ウエルカムベアやリングピローなどの中に詰める綿。手芸用綿はテトロン製の綿で、もめん綿よりも扱いやすい。ベアのボディなど細かい部分を詰めるときには、さいばしを使うとラク。

✱めうち✱

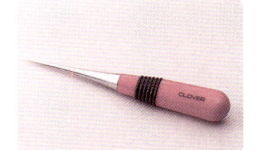

リングピローのクッション部分やウエルカムベアのボディなど、袋状に縫った布の角をキレイに出すときに使う。指では難しい細かい部分の作業をするときに、指先代わりになってくれる道具。

✱ピンセット✱

ビーズや造花などのパーツを1粒ずつつまんだりする時に使う。特に高温で接着するグルガンでパーツを貼る時は、やけどを防ぐためにも必要。ほかに糸や細いリボンをバランスよく貼る際も便利。

✱接着剤✱

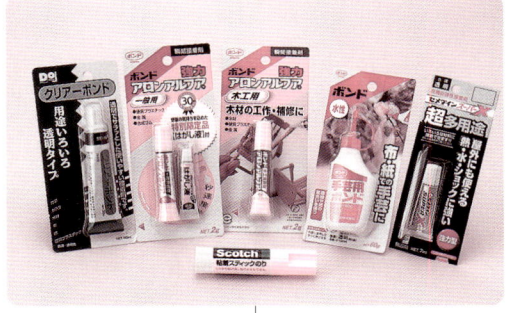

接着剤の種類は多く、それぞれ接着できる素材とできない素材がある。買うときは注意書きを読んで、貼る素材や使い方に合わせて選ぼう。

スティックのりは、ペーパーアイテムなどの紙の接着に便利。手を汚さずに貼れるのもいいね。

多用途の接着剤は、木、皮革、発泡スチロール、ゴム、コンクリート、ガラス、陶器、布、厚紙などさまざまな素材に使える。たとえば木に発泡スチロールを貼りつけるとか、違う素材同士を接着する時にも役立つ。接着力が強い強力型、サラッとした透明タイプなど種類もいろいろ。

手工芸ボンドは、紙や布を貼るのに最適。ペーパーアイテム、リングピローなどの布を使ったアイテムに飾りを貼るときにも使える。

木工用ボンドはその名の通り木の接着に使うほか、紙や布を貼るときにも使えるから、ひとつあると便利。乾くと透明になるタイプ、写真のような瞬間接着タイプもある。

瞬間接着剤は、金属やプラスチック、合成ゴムなどを瞬時に強力に接着するのに使う。アクセサリーや小物などを貼るときに重宝だ。

✱カッターナイフ✱

ペーパーアイテム作りをはじめ、手作りには欠かせない道具。切るときは刃先を折って新しい刃にして使うと、切れ味がよくなる。紙を切るなら、カッティングボードと一緒に使うと作業もラクラク。

✱両面テープ✱

両面とも接着面になっているので、プチギフトのボックスなど紙を使った工作感覚のアイテムを作る際、のり代わりに使える。のりのように乾くのを待つ必要がなく、特に急いで作る場合はオススメ。

✱スタンプ（絵柄）✱

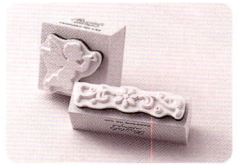

市販のスタンプはいろいろな絵柄があり、迷ってしまいそう。ロマンチックな天使、何にでも合わせやすい花やグリーンなら活用範囲が広がりそう。インクの色選びにも気を配って。

✱グルガン✱

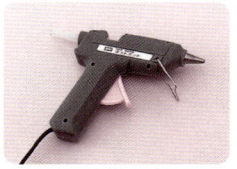

スティック状のプラスチックのりを熱で溶かし、接着させる道具。乾くと透明になる。接着力が強く、接着剤では貼りにくいデコボコの貝殻などもカンタンに貼れる。高温になるので、やけどに注意。

✱カッティングボード✱

カッターナイフで紙を切るときは、このボードの上で。机をキズつけないし、カッターも使いやすくなり、キレイに切れる。方眼つきなので、カンタンに直角に切れる点も便利。サイズも各種あり。

✱クラフトパンチ✱

花、星などの形に型抜きできる市販のパンチは、ペーパーアイテム作りに大活躍。幸せを運ぶ天使など形もいろいろ。色が違う2枚の紙を重ね、型抜き部分から下の色が見えるようにするとオシャレ。

✱スタンプ（文字）✱

押すだけのスタンプは印刷するより簡単で、手書きよりキチンと見える。THANK YOU、HAPPY WEDDING、MENUなどは、ペーパーアイテム作りに大活躍。書体は筆記体やカリグラフィー風などもある。

Part 3
プチギフト & プレゼント

感謝の言葉を添えた把手つきミニバッグはフラワーシャワーのほかギフトを入れてもラブリー
●作り方は81ページ

プチギフト&プレゼント

プチ ギフト＆プレゼント

「出席してくれてありがとう」の気持ちを込めて、
お見送りのときに手渡したり、引出物の袋に入れたりするプチギフト。
ゲストの人数分必要だから、ちょっとした品で十分だけど、
アイデアを生かしてセンスよく手作りしたいもの。
プチギフトもプレゼントもラッピングにも凝って、「ステキ！」と言われるものを贈ってね。

インテリアにもなる
白いワイヤーケースに
バラをあしらった
サンキューフラワー
● 作り方は81ページ

ドラジェ代わりに
配るプチギフトのチョコも
シックな色合いなら
大人ムードに
● 作り方は81ページ

布を貼った紙を
組み立てて
ふたりのイニシャルを
プラスした
オリジナルケースの
ギフト
● 作り方は81ページ

心をを込めて
手作りしたミニチョコを
英字新聞でカッコよく
飾った箱に詰めて
● 作り方は82ページ

プチギフト&プレゼント

フレームの中で
カラフルなチョコが
コロコロと動く
おもちゃみたいなギフト
● 作り方は82ページ

好みのゼリーに
シルバーパールみたいな
アイシングを散らした
ロマンチックゼリー
● 作り方は82ページ

プチギフト＆プレゼント

クッキーのラッピングも
封筒の形なら
キュートなクッキーが
カード代わりに
● 作り方は82ページ

スポンジと生クリーム、ジャムを重ねたケーキはトッピングのハーブとラッピングでオシャレに
●作り方は82ページ

ポプリを詰めたビンもサンキューのカードとリボンを添えればワンランクアップ
●作り方は82ページ

プチギフト&プレゼント

プチギフト＆プレゼント

色も姿もカワイイッ
グラデーションのリボンが
効いてるオシャレな
ドラジェケース
● 作り方は83ページ

ドラジェを入れた
白いワイヤーケースは
インテリアとして
部屋に飾れそう
● 作り方は83ページ

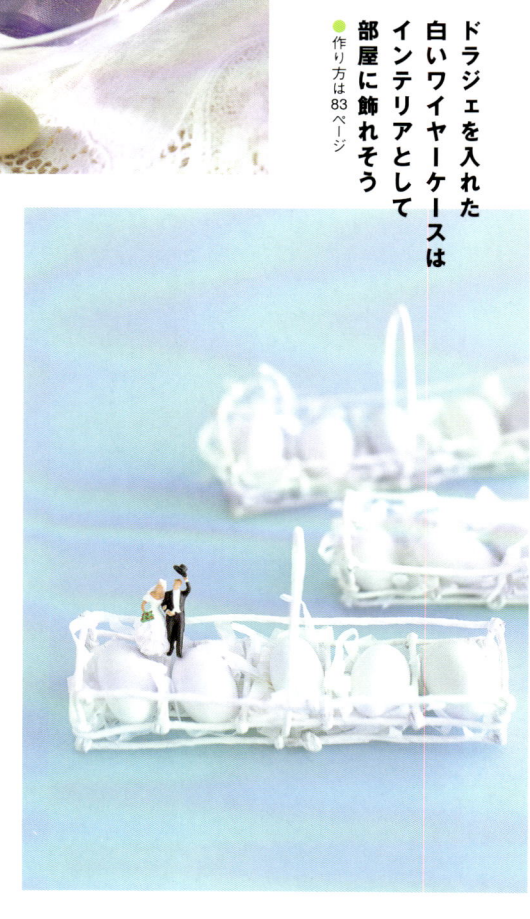

鳥の巣を真似て
シナモンスティックを
積み重ねたケースに
ドラジェの卵を詰めて
● 作り方は83ページ

78

市販のフォトフレームに
花を飾るだけ
オシャレな仕上がりだから
好みのフレームで作って
●作り方は83ページ

白い花で埋め尽くした
可憐なフォトフレームは
両親へのプレゼントに
ピッタリ
●作り方は83ページ

プチギフト&プレゼント

プチギフト＆プレゼント

**持ち帰りやすくて
そのまま部屋に飾れる
アレンジなら
花束贈呈でも喜ばれそう**
● 作り方は84ページ

**「カワイイッ」と
声が上がりそうな
キュートな
プチサイズの花束**
● 作り方は84ページ

How to Make
プチギフト&プレゼント

感謝の言葉を添えた把手つきミニバッグ
●P74

●材料（10コ分）
トレーシングペーパー、麻ひも、スエード、ワイヤー（28番）、両面テープ　合計 約400円

作り方
① トレーシングペーパーを20cm×12cmに切る。

② イラストの位置に印をつけて折り、1cmののりしろ部分に両面テープを貼って筒状にする。

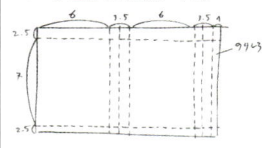

③ 底の部分をキャラメル折りにして、両面テープで留める。

④ めうちで穴を空け、麻ひもを斜めに通す。

⑤ スエードとサンキューカードにめうちで穴を空け、ワイヤーを通して、麻ひもに結ぶ。

シックな色がステキチョコのプチギフト
●P75

●材料
茶色のワイヤー（太）、ワイヤー（細）、羽根（茶色）、ビーズ（茶）、ペーパー（茶）、スタンプ、チョコレート　合計 約500円

作り方
① 茶色のワイヤーをグルグルと直径7〜8cmになるまで巻き、周りの部分をもちあげ、カゴを作る。約20cmにカットしたワイヤーを両サイドにつけ、持ち手を作る。

② ①でできたカゴの内側に羽根をボンドで貼る。ペーパーにThank Youのスタンプを押し穴を開ける。

③ ワイヤー（細）にビーズを通したものを②の穴に入れ、持ち手につける。中にチョコレートを入れてできあがり。

ワイヤーケースのサンキューフラワー
●P75

●材料（1コ分）
アルミワイヤー1.5mm、フローラルテープ白　ココアファイバー、薄紙、オアシス、アミホイル、ペンチ、バラ　合計 約300円

作り方
① フローラルテープは伸ばしながらワイヤーに斜めに巻いて、白ワイヤーを作る。これをサイズに揃えて切る。フタは28cm×2本（枠用）、2.5cm×4本（上下枠のつなぎ用）、8cm×6本（上面用）。ケース用は26cm×2本（枠用）、4.5cm×12本（上下枠のつなぎ用）、7.5cm×6本（底面用）。

② フタを作る。28cmのワイヤーは6.5cmのところで2つに折り、角をつけてから広げる。これを繰り返して四角を作り、最後はくるっと1回ねじって留める。この枠を2コ作る。

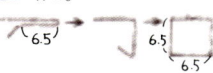

③ 枠に2.5cmのワイヤーを巻き、もう一方の枠に引っかけてくるっと巻きペンチで固定し、余りもペンチで切る。これを繰り返してフタを作る。

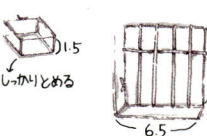

④ 本体を作る。ふたの要領で26cmのワイヤーで6cm四方の枠を2つ作り、6.5cmのワイヤーで結んで高さ3.5cmのケースを作る。

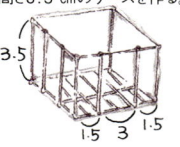

⑤ 本体ケースにココファイバー、その上に薄紙を敷く。フタは底に重ねる。

⑥ 1.5cm程度のサイコロ状に切ったオアシスを水に浸し、上にバラをさす。オアシスをアルミホイルで包み⑤に入れる。

イニシャル入りオリジナルケース
●P75

●材料（1コ分）
片面が粘着面になっている紙、アイボリーの木綿の布、文字用の糸　合計 約300円

作り方
① 紙の粘着面に木綿の布を貼る。これを図のように折って、両面テープで留めて箱を作る。

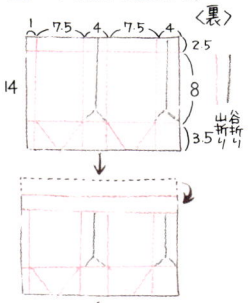

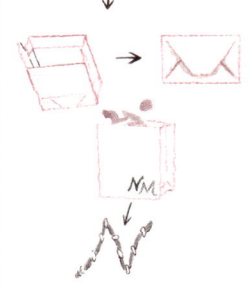

② 箱の右下に糸を置き、ふたりのイニシャル文字を描く。針に通した糸で文字のところどころを上から縫って押さえる。中に好みのものを詰めれば、できあがり。

お役立ちコラム
ゲストと触れ合い話題作りにもなるプチギフト

キャンドルサービスの代わりに何か配るつもりなら、プチギフトはいかが。ゲストと触れ合う機会にもなるし、ラッピングにも凝ればきっとゲストの間で話題にもなるはず。手作りの品にするのが難しければ、ラッピングを自分でしたり、メッセージ入りのカードを添えるだけでも心がこもった印象になるヨ。

プチギフト&プレゼント

プチギフト＆プレゼント

手作りミニチョコ＆ミニボックス
●P75

●材料（1コ分）
ギフトBOX小（ふた付き）、英字新聞、麻ひも、薄紙、チョコ、バニラクリーム、スプレーチョコ、ペーパー、スタンプ、のり
合計　約4000円

作り方

❶ 小さな箱に手でちぎった英字新聞をのりでランダムに貼り付ける。

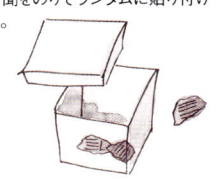

❷ チョコの上にバニラクリームを絞り、スプレーチョコをトッピングする。箱に薄紙を敷き、チョコを入れる。

❸ サンキュースタンプを押したペーパーに麻ひもを通し、箱を結んでできあがり。簡単！

カラフルなチョコを入れたフレーム
●P76

●材料
木のフレーム、ペンキ（白）、スタンプ、ラッピング用ビニールペーパー、カラフルチョコ
合計　約500円

作り方

❶ 縦横10cm程度のフレームを白く塗装し、よく乾いたらサンキューの文字や日付をスタンプする。

❷ 中にカラフルなチョコを入れて、ビニールペーパーで包み、裏側をセロハンテープで留める。

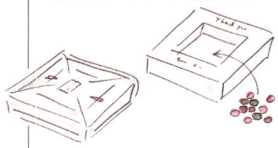

大粒アイシング入りロマンチックゼリー
●P76

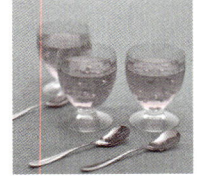

●材料（1コ分）
市販のレモンライムまたはメロンゼリーの素、アラザンビガー
合計　約250円

作り方

❶ 市販のゼリーの素でゼリー液を作り、グラスの底に1cm程度注ぎ、アラザンをキレイに散らし、冷蔵庫で30分～1時間程度冷やす。

❷ ゼリーが固まったら、上にゼリー液を1cm程度注いでアラザンを散らし、冷蔵庫で固める。これを4～5回繰り返して、ゼリーを作る。液は室温に置けば固まらない。

＊お役立ちコラム＊
手作りのお菓子を贈りたいなら先に会場に確認を

クッキーやチョコなど手作りのお菓子をプチギフトにするのもステキだよね。ただし、その際は注意が必要。会場によっては、衛生上の理由から手作りの食べ物は持ち込み禁止ということがあるからだ。作る前に、必ず会場に確認を。OKの場合でも、食品が傷みやすい梅雨や夏の時期の結婚式では、できれば食べ物は避けたほうが安心かも。

ユニークな封筒形のクッキー袋
●P76

●材料（1コ分）
布（モアレ・白＆ペパーミントグリーン）、くるみボタン、両面テープ、グルガン　合計　約300円

作り方

❶ 16cmの正方形にカットした白布の縁を、ほつれないように両面テープで5mm程度折り返して留める。

❷ 左右を内側に折り、下を折り返して重なる部分を両面テープで留めて封筒の形を作る。

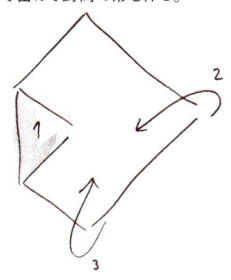

❸ グリーンの布でくるみボタンを包み、布の先端に糸で留める。

重ねるだけのケーキ＆ラッピング
●P77

●材料（1コ分）
スポンジケーキ（自分で焼くか市販でも）、ラズベリージャム、イチゴジャム、生クリーム、砂糖、ミント、紙、リボン、透明袋　合計　約350円

作り方

❶ スポンジケーキは崩し、生クリームは砂糖を加えてホイップする。ミニグラスにスポンジ、ジャム、クリームの順に2回詰めて上にミントを飾る。

❷ 透明袋につめてリボンで結び、THANK YOUの文字をスタンプした紙を両面テープで貼る。

ビンに詰めたポプリのプチギフト
●P77

●材料（1コ分）
フタ付きのガラスビン、ポプリほか　合計　約300円

作り方

市販のフタ付きガラスビンにポプリを詰める。THANK YOUの文字をスタンプまたは手書きにした紙を麻ヒモに通して、ビンの口に巻きつける。

＊お役立ちコラム＊
モチーフや色でウエディングらしさを演出する

手作りアイテムで意外と重要なのが飾り。飾り方ひとつで、グーンとセンスよく見せることができる。また飾りのモチーフを選ぶことで、ウエディングらしさを演出することもできる。

たとえば天使、ハート、バラなどはウエディングらしいモチーフで、利用価値大。

色は格調高いゴールドやシルバー、和風のアイテムなら、赤や紅白の色づかいも効果的だ。

リボンで作るドラジェケース
●P78

■材料（1コ分）
端にワイヤー入りのリボン幅4×34cm①180円　リボン幅4mm×28cm②30円　文字印刷用の紙A4判10円　穴開けパンチ、ピンキングバサミ、カッターナイフ、ハサミ、ミシン糸　合計　220円

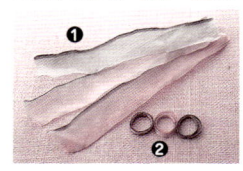

■作り方
① 端にワイヤーが入ったリボンを長さ34cmに切る。表を外にして2つ折りにし、待ち針で仮どめする。これを2枚一緒に表から端をミシンで縫って、筒状の袋を作る。

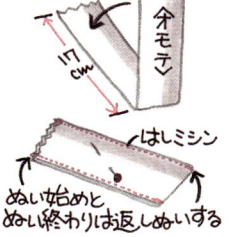

② パソコンなどで、A4判の紙にTHANK YOUの文字を適当な間隔を開けて印刷する。書体はカッコイイものを、色は好みの色を選ぼう。これをカッターナイフで幅1.5×長さ7.5cm程度の短冊状に切る。右端はさらにギザギザバサミで切ったり、V形などにカットし、左側にパンチで穴を開ける。

③ リボンの袋に好みの数だけドラジェを入れたら、袋の口をピンキングバサミで切ってキレイに整えておく。細幅のリボンは好みの色を選んで28cmに切る。このリボンを②の短冊状の紙の穴に通したら、紙の向きを整えながら、袋の口に結べば、できあがり。

鳥の巣みたいなドラジェボックス
●P78

■材料（1コ分）
クラフト用シナモンスティック、ラフィアほか　合計 約1000円

■作り方
① クラフト材料のシナモンスティックを6.5cm程度に切り揃え、横に8本並べて木工用ボンドで貼り土台を作る。

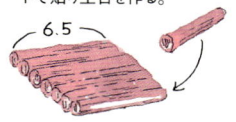

② 土台の上にスティックを四角に5段貼ってケースにする。中にラフィアをくるくる巻いて詰め、上にドラジェとThank youの文字をスタンプまたは手書きにしたリボンを飾る。ふたは土台と同様に作る。もう一つは、土台の上にスティックを交互に貼り3段作る。

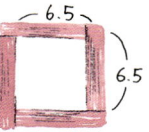

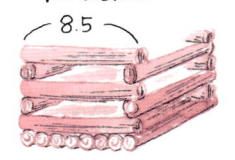

＊お役立ちコラム＊
彼と一緒に楽しく手作りして思い出も作ろう

手作りしたいけど、ぶきっちょで心配、忙しくて時間がないという人へ。それなら彼と手作りしてみては？パソコンが得意な彼なら、パソコン作業は彼に頼んだり、手先が器用な彼なら工作感覚で作れるものを手伝ってもらおう。役割分担したり協力し合うことで、ふたりで結婚式を作る実感もわくはず。そしてふたりで一緒に頑張ったことは、最高の思い出になるゾ。

白いワイヤーで作るドラジェケース
●P78

■材料（1コ分）
アルミワイヤー1.2mm、フローラルテープ（白）、紙パッキン、ペンチ　合計約100円

■作り方
① アルミワイヤーにフローラルテープを巻きつける。

② 2cmにカットした①のワイヤーで縦3cm、横11cmの四角形を2本作る。約3cmにカットした①のワイヤー4本で四角形の四隅をつなぐ。

③ 四角いバスケットの上下の中心部分に35cm程度の①のワイヤーを巻きつけていく。

④ 4cm程度の①のワイヤーを、ドラジェを仕切る位置で#のワイヤーに巻きつける。

⑤ 最後に15cm程度の①のワイヤーで取っ手をつけてできあがり。

花を飾るだけのフォトフレーム
●P79

■材料（1コ分）
好みのフォトフレーム、ドライフラワー、パールビーズ、サテンリボン、ピンセット、グルガン
合計 各850～1700円

■作り方
市販のフォトフレームに、ドライフラワー、パールビーズ、リボンをバランスを見ながら、ピンセットを使ってグルガンで貼る。

白い花を敷きつめたフォトフレーム
●P79

■材料
ドライフラワーのイモーテル2束①2000円　フォトフレーム(100円ショップで)②100円　グルガン、ハサミ　合計 2100円

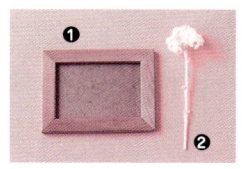

■作り方
① イモーテルの花だけをハサミで切る。花の下にグルガンを付けて、フォトフレームの正面に1輪ずつ貼っていく。フレームの外側から始めて、横のラインが揃うように1周貼ろう。小さな花は避けて、花のサイズを揃えると、仕上がりがキレイ。グルガンののりは高温になるので、貼る時はやけどしないように注意して。

② ①の内側に1周、さらに内側にも1周横のラインが揃うように貼る。続けて、フレームの側面にも花を1周貼って埋める。高さがある場合は、もう1列貼ってフレームを隠そう。

③ 写真を入れる窓の縁の部分にも、同様に花を1周貼りつけて、フレームを隠す。何列花を貼るかは、フレームの高さに合わせて調整しよう。中に写真を飾れば、できあがり。

プチギフト＆プレゼント

プチギフト＆プレゼント

バスケットに詰めた花束贈呈用アレンジ
●P80

●材料
ふたつきのバスケット（ここでは幅20×奥行17cm×高さ8cm）①650円　ドライブリック（バスケットにあわせて）⑪540円　端にワイヤー入りのリボン幅3.6×80cm⑦500円　薄い紙60×50cmぐらい②50円　ドライフラワー・フリチュラローズ5本⑨700円ドライフラワー・マスタードイエロー50g③1000円　ドライフラワー・ポアプランツ25g④500円　ドライフラワー・SAデイジー30g⑩800円　ドライフラワー・エノコロソウ30g⑤800円　ドライフラワー・ユーカリ50g⑧1000円　茶色のワイヤー#24×5本　⑥70円　カッターナイフ、ハサミ、グルガン、割りばし、花を束ねるワイヤー
合計　6610円

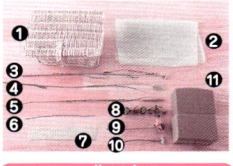

作り方
① ドライブリックはバスケットより2cm高くし、バスケットに入るように、カッターナイフでザクザク切る。これを薄い紙で包み、ふたの付け根が紙で隠れるようにしてバスケットに入れる。

② まずふたの開く角度を決めて、それに合わせて割りばしを切りつっかえ棒にする。フリチュラローズ5本は、さした時にふたより1cm程度高くなるように（ここでは16cm）茎をハサミで切って、正面からドライブリックへまっすぐにさす。花がつっかえ棒になりふたが固定するので、割りばしはとる。

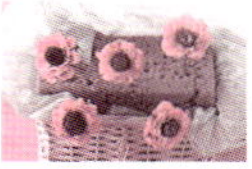

③ マスタードイエロー、ポアプランツ、SAデイジー（写真左から右）は、②より1cm程度短めに切り、ワイヤーで直径2cm程度に束ね、マスタードイエロー8つ、あとは各6つ作る。

④ ②の花とあわせて黄色い花が全体にまんべんなく散らばるように、マスタードイエローの花束8つをさす。

⑤ 黄色い花の横に添えせる感じで、束ねたポアプランツの緑色の花束6つをさす。その間を埋めるように、SAデイジーの白い花束6つをさす。

⑥ エノコロソウは、他の花よりも5mm〜1.5cm程度高く切って、さした花の周囲を埋めるように2、3本まとめてさして、動きを出す。ユーカリも同じように高めに切って、同様に周囲を埋めるように、1本ずつさしていく。

⑦ リボンを10cmに切ってU字に折り、端をワイヤーでくるくると巻く。この飾りを2コ作る。同様にU字に折ったリボンを2つまとめて一緒にワイヤーで巻き、ハート形のリボン飾りを3コ作る。以上5つの飾りを花の隙間を埋めるようにさす。最後に、ふたの付け根部分にグルガンをたらして、サハラが隠れるように薄い紙を固定すれば、できあがり。

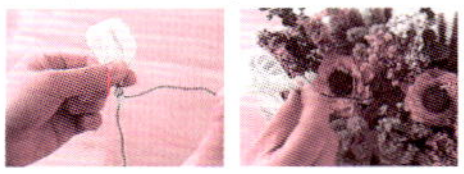

✲バリエーション✲

作り方
市販のしっかりした造花とグリーンを選び、中心になる花に長いままのタコ糸（麻ヒモでも）を巻く。これに茎同士が×字のスパイラル状になるように花を加えて組み、1本たすごとに糸でギュッと結んで固定していく。最後は糸を何周か巻き、余りを切る。茎の長さを揃えて切りながら、そのまま立つように整える。糸をほどけば何度でもやり直しできるので、何度か練習してみて。リネンシート、薄い紙、ロープなどでオシャレにラッピングしよう。

プチサイズの花束ギフト
●P80

●材料
ドライフラワーのピンクの千日紅4輪①90円　ドライフラワーのライスフラワー1房②65円　ドライフラワーのポアプランツ3本④50円　ドライフラワーのタタリカ1本⑤5円　ドライフラワーのラベンダー6本③60円　ドライブリック4×3cmぐらい⑧20円　ラベンダー色の画用紙1枚5円　ゴールドのコード幅3mm×25cm⑥70円　コンパス、パンチ、ハサミ、セロハンテープ、カッターナイフ、木工用ボンド、サンキューのスタンプ⑦、ゴールドのスタンプパッド、型紙用の紙　合計　385円

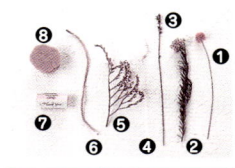

作り方
① 型紙用の紙にコンパスで半径4cmの円を書き、その半円をケースの型紙にする。型紙を画用紙に写し取ったら切り抜き、正面にくるようにサンキューのスタンプを押し、シールを貼る。これを丸めて、端を木工用ボンドで貼って円錐形ケースを作る。

② コードは切る場所にほつれ止め用のセロハンテープを巻き、テープの上をハサミで切る。円錐形ケースの両側にパンチで穴を開け、コードを通したらテープをはがし、先を結ぶ。ドライブリックは、ケースの上から5mm程度あけて中へ入る形にカッターナイフで切り、周りに木工用ボンドを塗り、中へ入れる。

③ サンキューの文字を正面にし、まず高さ6〜7cm程度に切った千日紅4輪を花が正面に向くように写真のようにさしていく。ライスフラワーも同じ高さに切って、真ん中にさす。

④ ポアプランツも高さ6〜7cm程度に切って、さした花の隙間を埋めるように3本さす。

⑤ 他よりも長めの7〜8cmに切ったタタリカ10本ぐらいを周囲と花の隙間を埋めるようにさす。同じようにラベンダーも6本さす。

✲バリエーション✲

●材料
ドライフラワーのピンクのバラ4輪90円　ドライフラワーのSAデイジー1房40円　ドライフラワーのタタリカ1本25円　ドライフラワーのラベンダー6本60円　ドライフラワーのポアプランツ3本50円　ドライブリック4×3cmぐらい20円　ブルーの画用紙1枚10円　ゴールドのコード幅3mm×25cm70円　ブルーの薄紙15×17cm程度5円　パンチ、ハサミ、セロハンテープ、カッターナイフ、木工用ボンド、サンキューのスタンプ、ゴールドのスタンプパッド、型紙用の紙　合計　370円

作り方
① 図のような型紙を作り、画用紙に写し取ってハサミで切り抜く。上の1の要領で正面にスタンプを押してシールを貼ったら、のりしろを木工用ボンドで貼りケースを作る。左の②の要領で穴を開けコードを通そう。

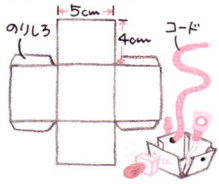

② ドライブリックをケースに入るようにカッターナイフでザクザクと切る。これを15×17cm程度に切ったブルーの薄紙で包んだら、底や側面にボンドをつけて、ケースに入れる。

③ サンキューを正面にして、高さ6cm程度に切ったバラ4輪を放射状にさす。高さ5cm程度に切ったSAデイジー8本は、2本ずつまとめ、隙間を埋めるようにさす。

④ 左の④の要領でポアプランツを3本、タタリカは高さ7cm程度に切って左の⑤の要領で10本ぐらいさす。同様にラベンダーも6本ぐらいさす。

P8 リングピロー

レース付け位置
18cm
リボン付け位置
3cm
返し口

※P8下のリングピローの型紙。200％に拡大して使おう。

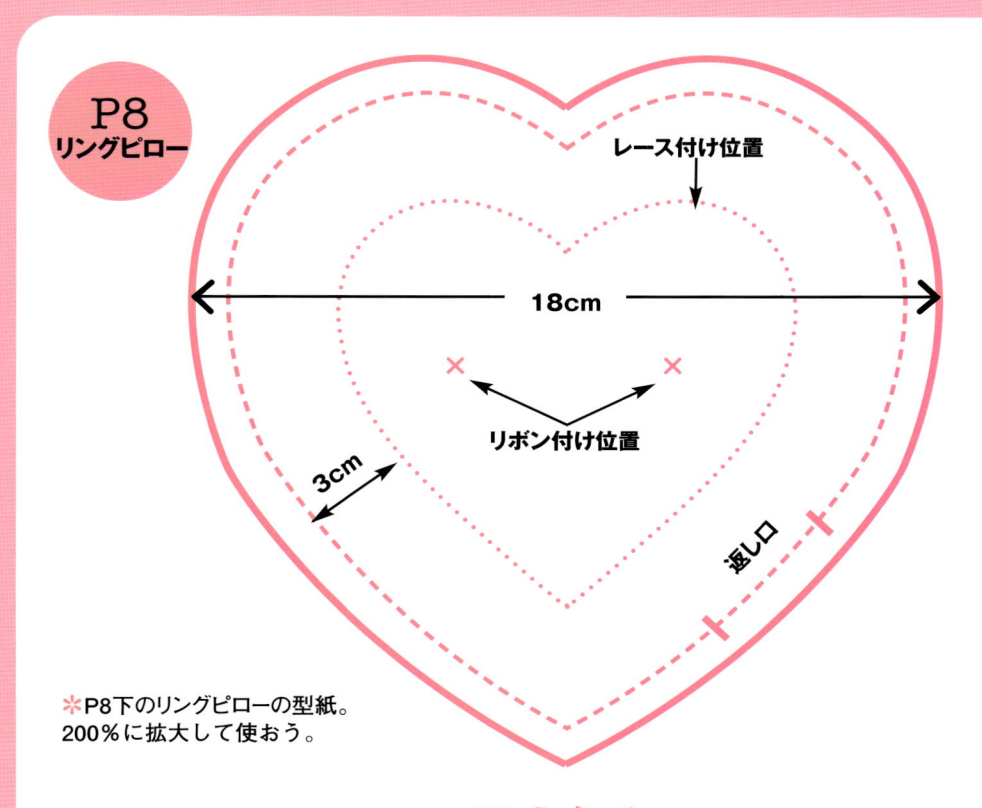

✲型紙✲

形よく描くのが難しいリングピローのハート型、ウエルカムベアのボディや衣裳、ウルカムボードの飾りなども型紙があれば安心だ。指定の倍率でコピーして、ドンドン活用してね！

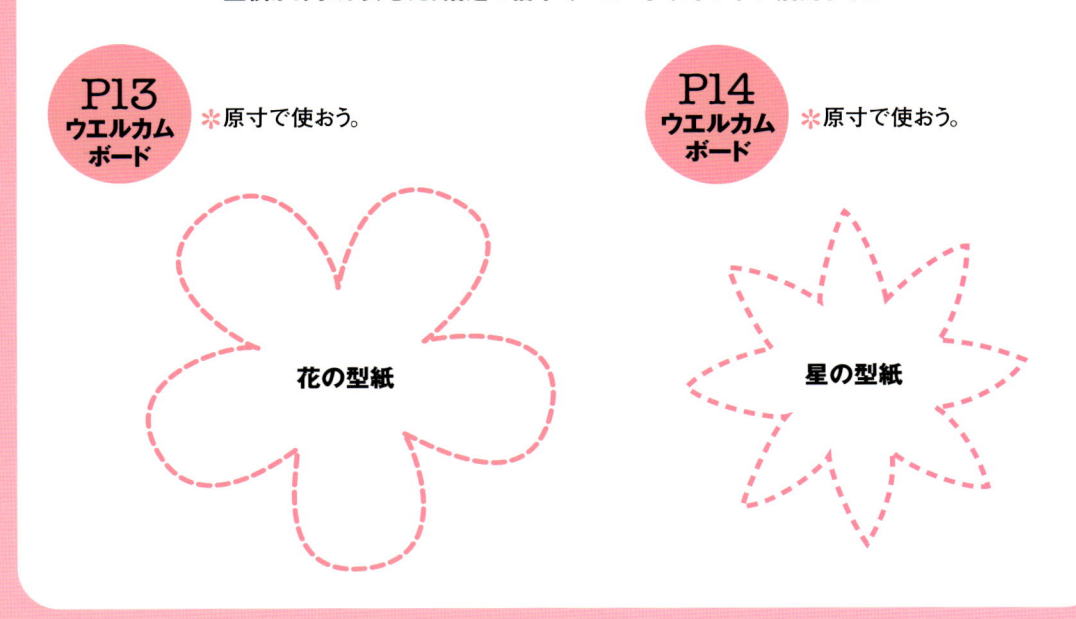

P13 ウエルカムボード ※原寸で使おう。

花の型紙

P14 ウエルカムボード ※原寸で使おう。

星の型紙

型紙

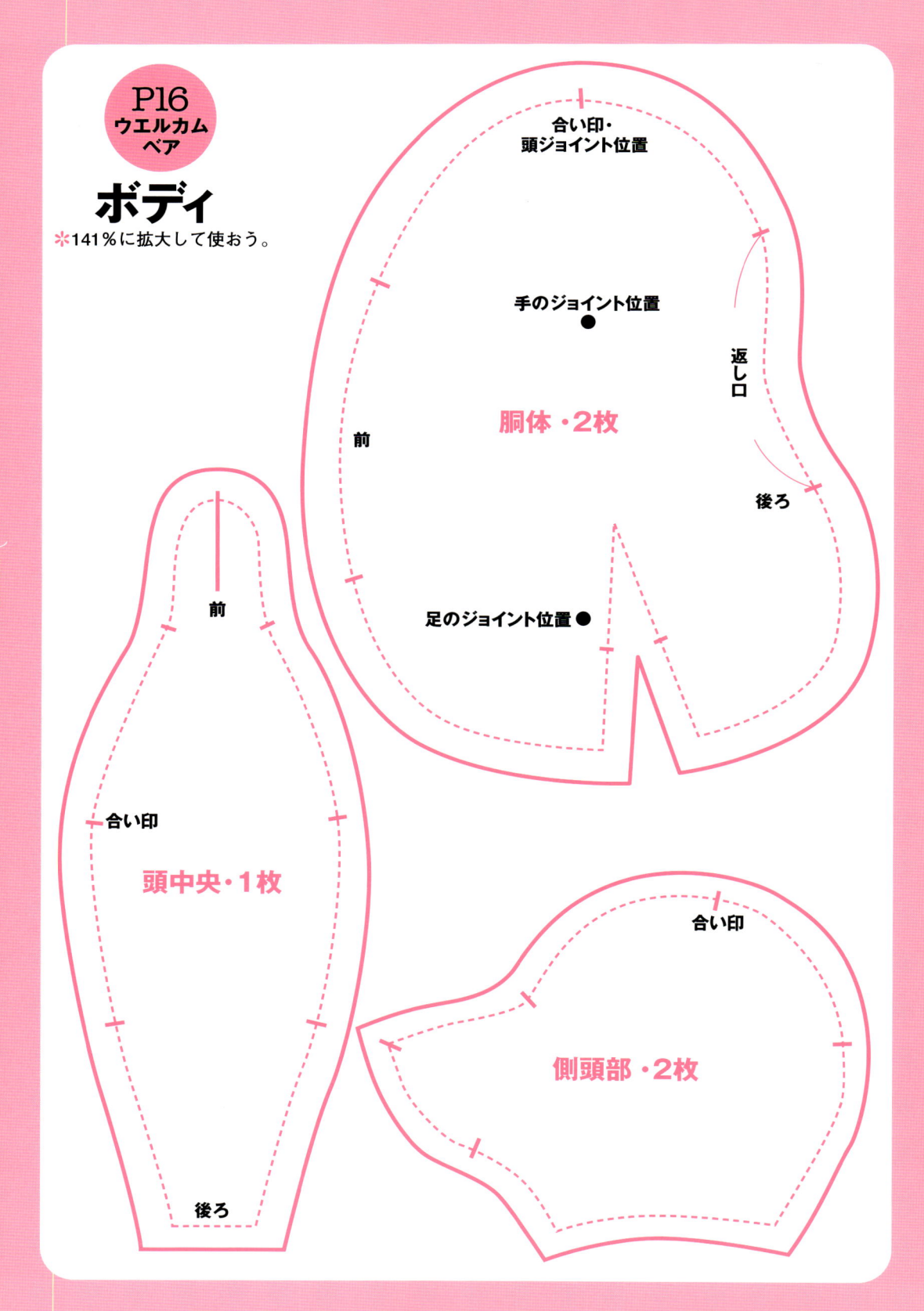

P16 ウエルカムベア

ボディ
※141％に拡大して使おう。

型紙

- 合い印・頭ジョイント位置
- 手のジョイント位置 ●
- 返し口
- 前
- 胴体・2枚
- 後ろ
- 足のジョイント位置 ●

- 前
- 合い印
- 頭中央・1枚
- 後ろ

- 合い印
- 側頭部・2枚

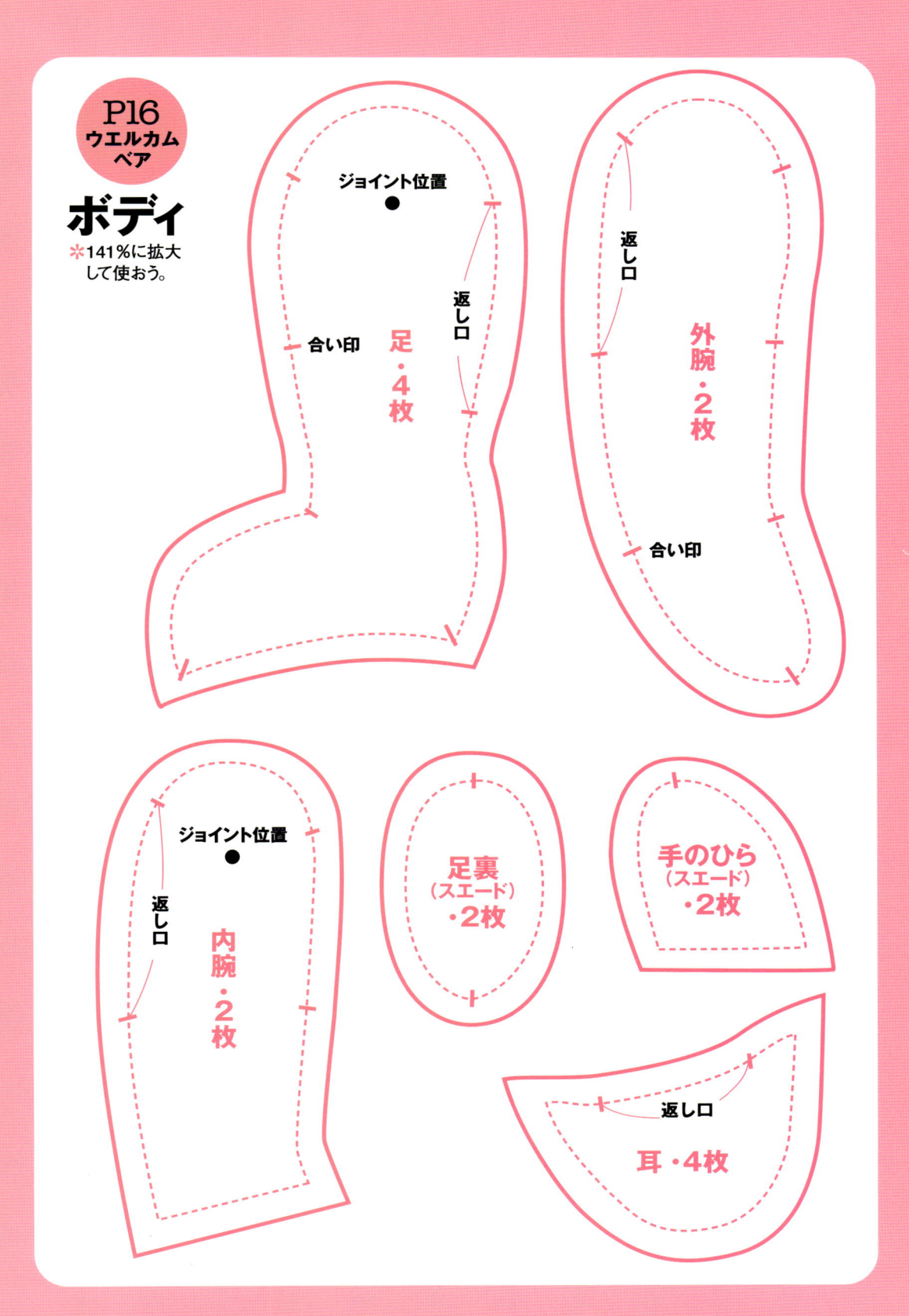

P16 ウエルカムベア

ボディ

※141%に拡大して使おう。

- 足・4枚
  - ジョイント位置
  - 返し口
  - 合い印
- 外腕・2枚
  - 返し口
  - 合い印
- 内腕・2枚
  - ジョイント位置
  - 返し口
- 足裏（スエード）・2枚
- 手のひら（スエード）・2枚
- 耳・4枚
  - 返し口

型紙

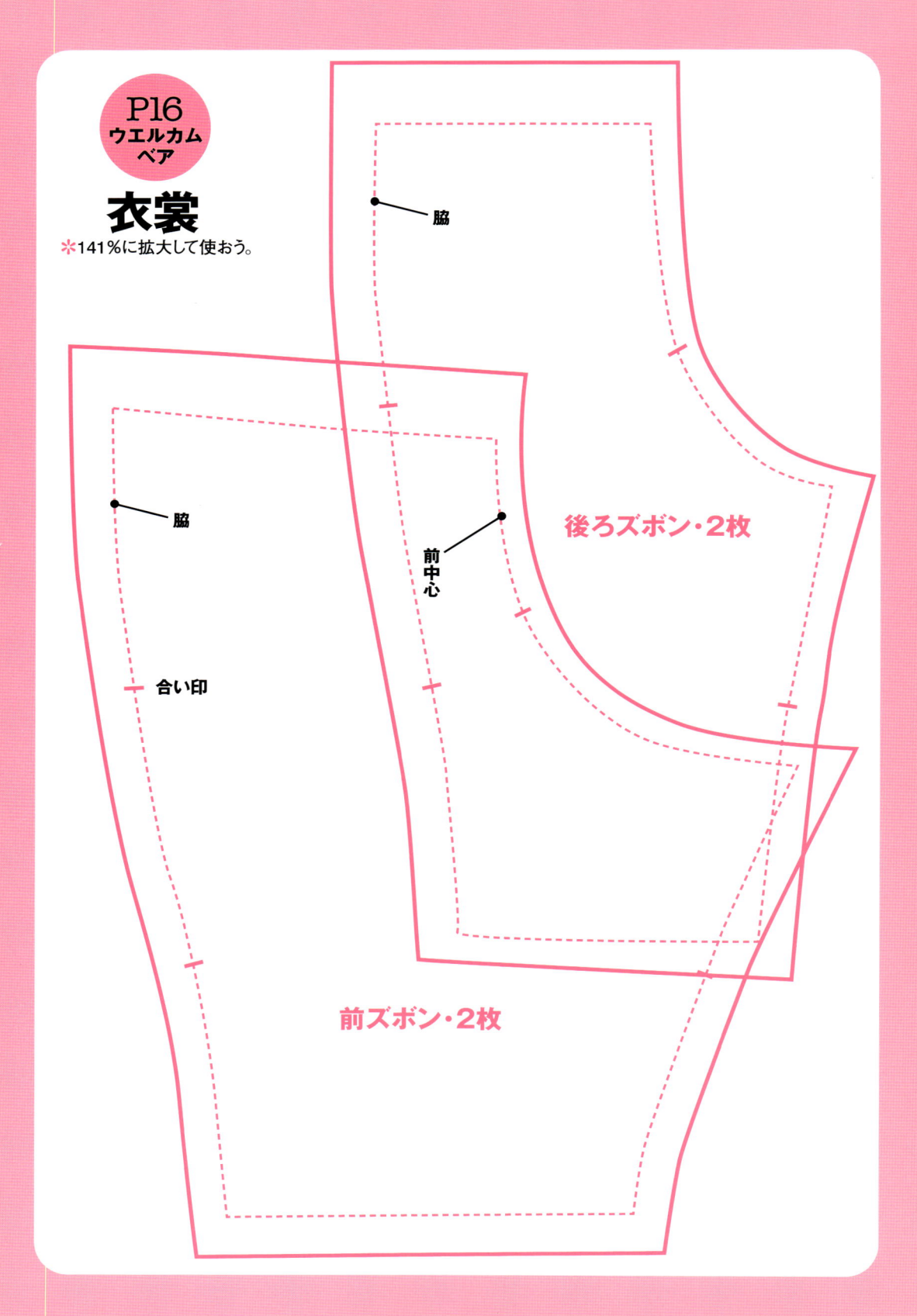

P16 ウエルカムベア

衣裳

※141%に拡大して使おう。

型紙

脇

脇

前中心

合い印

後ろズボン・2枚

前ズボン・2枚

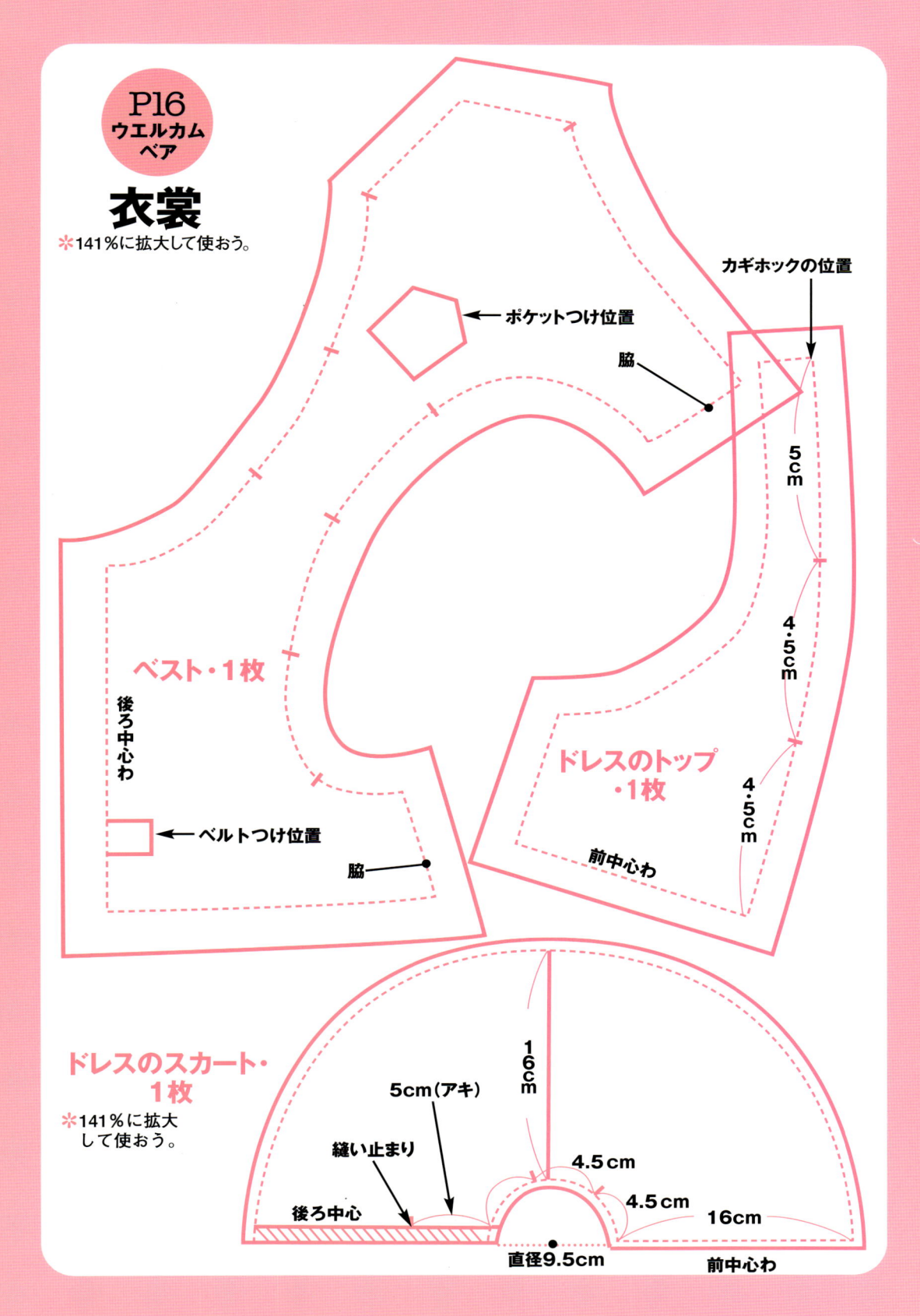

P16 ウエルカムベア
衣裳
※141％に拡大して使おう。

型紙

ポケットつけ位置

カギホックの位置

脇

5cm

4.5cm

4.5cm

ベスト・1枚

ドレスのトップ・1枚

後ろ中心わ

ベルトつけ位置

脇

前中心わ

ドレスのスカート・1枚
※141％に拡大して使おう。

16cm

5cm（アキ）

縫い止まり

4.5cm

4.5cm

16cm

後ろ中心

直径9.5cm

前中心わ

型紙

P17 ウエルカムマウス
＊原寸

耳・4枚

側頭部・2枚
耳つけ位置 縫い上げる
縫い止まりA●
B

頭中央・1枚
A
B

胴・1枚

P61 招待状
＊141％に拡大して使おう。
折り口

90

P19 ウエルカムドッグ

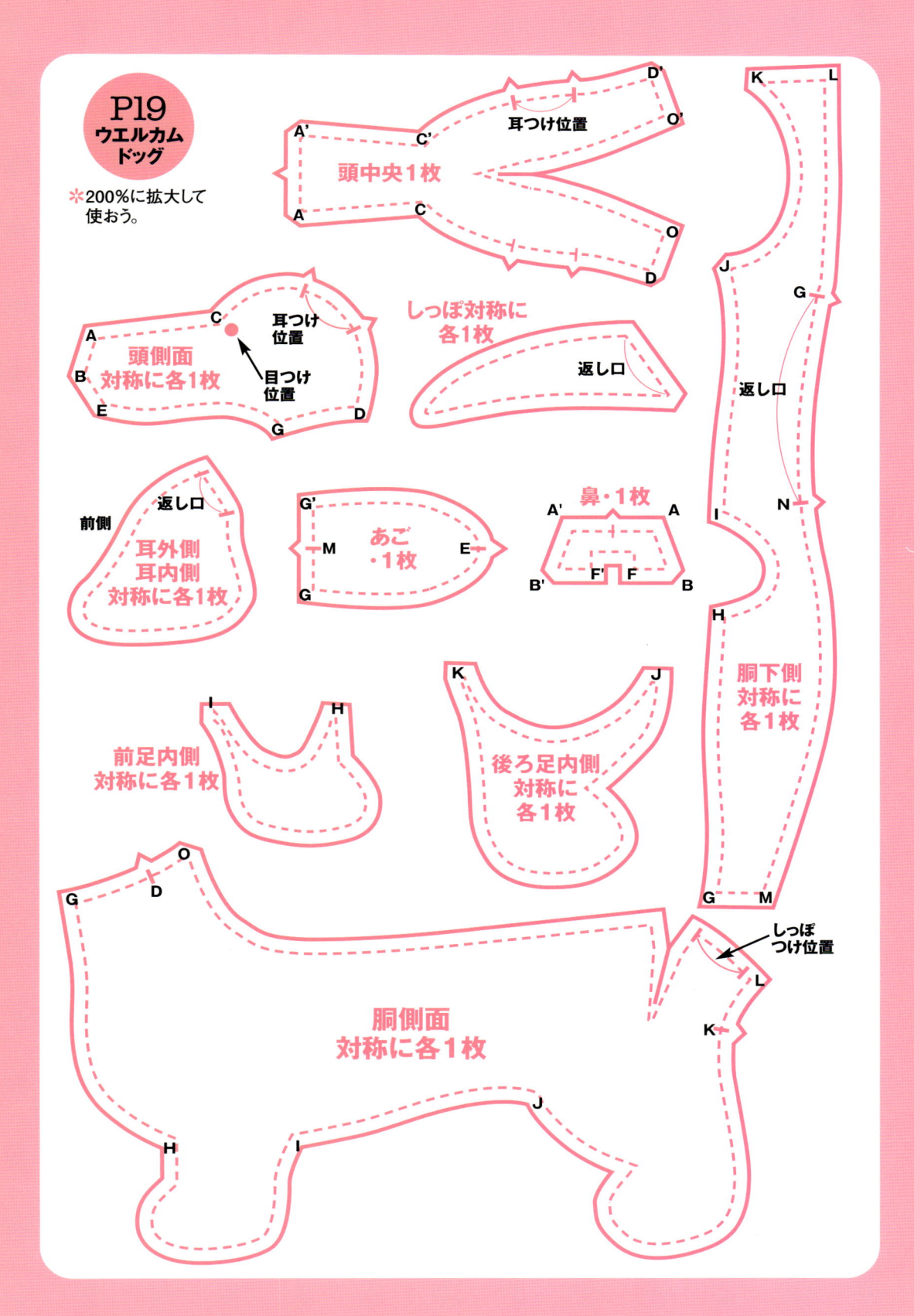

※200%に拡大して使おう。

- 頭中央 1枚
- 頭側面 対称に各1枚
- しっぽ 対称に各1枚（返し口）
- 耳外側 耳内側 対称に各1枚（返し口、前側）
- あご・1枚
- 鼻・1枚
- 胴下側 対称に各1枚（返し口）
- 前足内側 対称に各1枚
- 後ろ足内側 対称に各1枚
- 胴側面 対称に各1枚（しっぽつけ位置）

耳つけ位置
目つけ位置

型紙

P19 ウエルカムベア
※100％原寸

- てのひら・2枚
- 頭・1枚
- 足・4枚（返し口）
- 胴・2枚（返し口）
- 外側腕・2枚（返し口）
- 内側腕・2枚
- 耳・4枚
- 足の底・2枚

型紙

P28 ティアラ
※200％に拡大して使おう。

92

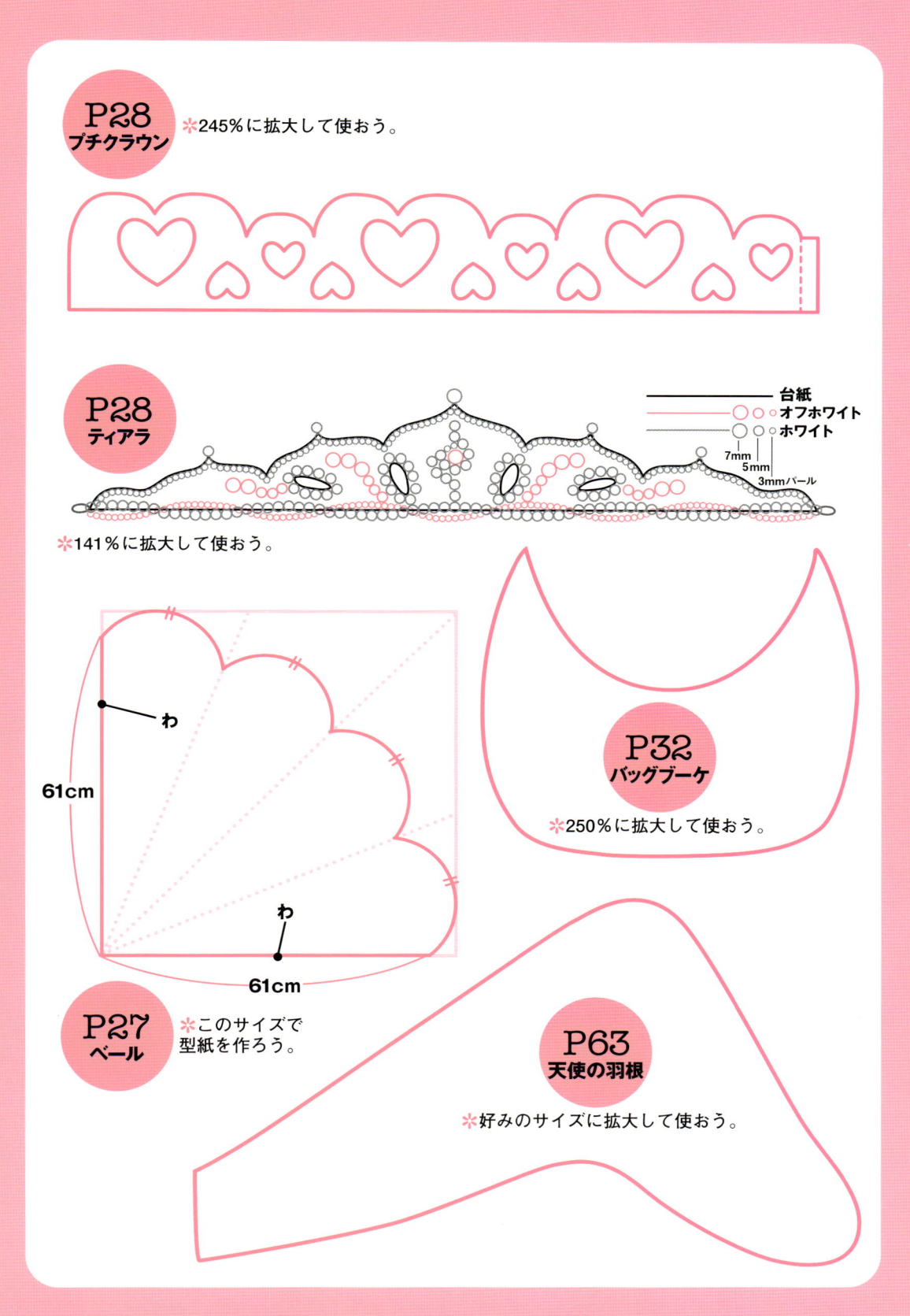

P28 プチクラウン
※245％に拡大して使おう。

P28 ティアラ

― 台紙
○○○ オフホワイト
○○○ ホワイト
7mm
5mm
3mmパール

※141％に拡大して使おう。

P32 バッグブーケ
※250％に拡大して使おう。

P27 ベール
※このサイズで型紙を作ろう。
61cm
61cm
わ

P63 天使の羽根
※好みのサイズに拡大して使おう。

型紙

Staff

Text：稲葉浩美、大西千晴、三谷有紀(ferret)、土屋綾子
Photograph：藤田忠士、宇戸浩二、John Chan、福田英世、鍋島徳恭（人物）
Design：うちだともこ
Illustration：幸内あけみ、緒方環、冨岡知子
Copy Edit：稲葉浩美
Editorial Produce：藤本絵里
Editorial Direction：瀧来櫻子

作品を作ってくれた人たち

桜井直子 Naoko Sakurai
「つくっちゃお！」でおなじみのデザイナー。リングピロー、ポーチなど上品でエレガントな作品が人気。ウエディンググッズのネットショップ「アトリエ・サラ」をオープン。オリジナル作品やキットが、全国どこからでも通販OK。 http://www.ateliersarah.com/

犬塚郁子 Ikuko Inuzuka
「つくっちゃお！」でおなじみのフラワーアーティスト。東京・恵比寿でドライフラワーの教室を開いている。教室ではウエディンググッズも3～4時間で失敗なく作れる。作品も見られるホームページhttp:www.horae.dti.ne.jp/ inuzuka/ ☎090-3402-8296

知光 薫 Kaoru Chikou
「つくっちゃお！」でおなじみのアーティスト。アクセサリー、ウエルカムボード、ポーチ、ペーパーアイテムなど、独自の工夫を凝らしたアイデアあふれる作品がステキ。『かわいいポンポングッズの本』（NHK出版）の著作もあり。

金森美也子 Miyako Kanamori
雑誌などで活躍するアーティスト。リングピローをはじめ、作品はシンプルでオシャレ。

下川床多恵子 Taeko Shimokawatoko
『ゼクシィ特別編集 パーティウエディング』をはじめ雑誌で活躍するスタイリスト。

作品を作ってくれたお店

ST67c （エスティロクナナシー）
☎03-3946-8091（ブライダル スタイリストSOGA内）
リングピロー、ポーチ、ボンネなどアイテム、デザインとも種類が豊富なキットを販売。オリジナル作品の相談にものってくれる。

ヴァン・キャトル
☎03-3797-1867
ウエディングアイテムのほか、ブーケや装花のアイデアも豊富。親身になって花嫁の相談にのってくれる。キット販売もあり。

ペールメール
☎03-3498-5520
生地選びからデザインまでオリジナルにこだわったドレスを作るアトリエ。バッグや帽子などの小物もすべてオーダー可能。

セントマリアージュ
☎03-5721-5361
クラシックでエレガントなドレスをオートクチュールで製作。ドレスに合わせた小物もオーダー可能。小物のみの販売もあり。

ミュゼ・ディレクション
☎03-5790-2970
ブーケから会場装花までウエディングのお花をトータルにプロデュースしてくれるショップ。プロ養成のスクールも開校。
※順不同

モデル：田淵いるか セントレンジャー、子供ドレス：Four Sis&Co. 撮影協力／PROPS NOW（P49のテーブル）

※掲載された作品のキット販売がある場合、材料の一部が変わっていることがあります。材料の金額は、掲載当時のものです。

Hand Made Items for Bridal
ウエディング手作りアイテム
つくっちゃお!

2002年4月21日初版第一刷発行

編集　ゼクシィ編集部

発行者　斎藤幸夫

発行所　株式会社メディアファクトリー
〒104-0061　東京都中央区銀座8-4-17
TEL. 0570-002-001
03-5469-4740(編集)

印刷・製本　株式会社東京印書館

乱丁本、落丁本はお取り替えいたします。
本書の内容を無断で複製・複写・放送することは、かたくお断りいたします。
ISBN4-8401-0564-2
C2076　©ZEXY: Editorial Department, Printed in Japan

メディアファクトリーのゼクシィシリーズ

「結婚準備きちんとブック」

◆

ゼクシィ編集部・編

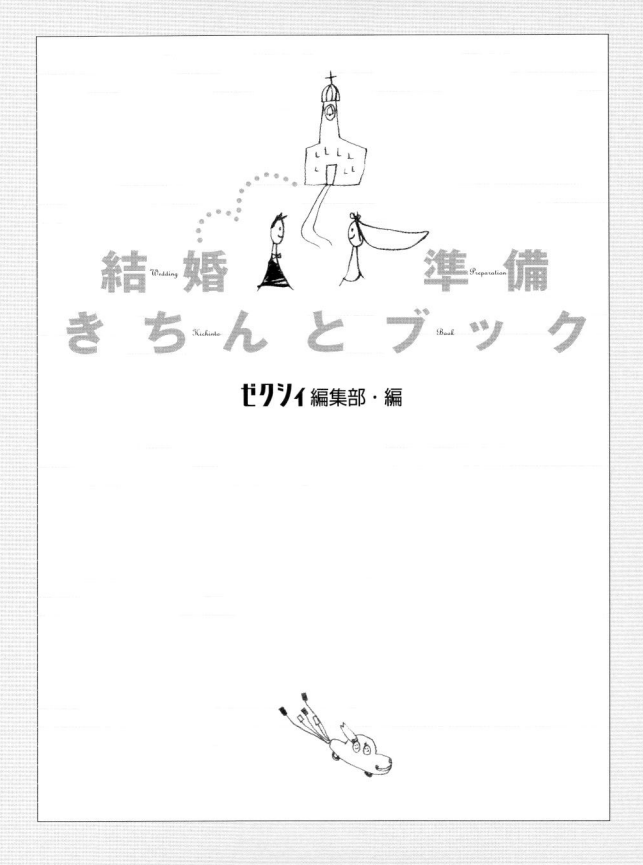

ゼクシィが総力編集！
結婚を決めた日から結納、披露宴、新生活までの
ダンドリ＆スケジュールが全部わかる！

● 式までのスケジュールは？
● 会場選びはどうするの？
● 両親との会食の手配は？
● 気になる結納や引き出物の予算は？
● ホテルがいい？それともレストランウエディング？

書きこみ式で記念の写真も貼って思い出の1冊に

定価本体：1500円（税別）　　ISBN 4-8401-0564-2

メディアファクトリー　〒150-0002　東京都渋谷区渋谷3-3-5　モリモビル　　お問い合せ先　0570-002-001